PAULIN TALABOT

SA VIE ET SON ŒUVRE

(1799 — 1885)

PAR

LE BARON ERNOUF

PARIS
LIBRAIRIE PLON
E. PLON, NOURRIT ET Cie, IMPRIMEURS-ÉDITEURS
RUE GARANCIÈRE, 10

1886

PAULIN TALABOT

SA VIE ET SON ŒUVRE

OUVRAGES DU MÊME AUTEUR

Librairie Plon.

Le Caucase, la Perse et la Turquie d'Asie, 2e *édition*. In-18, avec gravures.
Cachemire et Petit Thibet, in-18, avec gravures.

Librairie Hachette.

Histoire de trois ouvriers français, 4e *édition*.
Deux Inventeurs célèbres, 5e *édition*.
Denis Papin, 4e *édition*.
Pierre Latour du Moulin.
Les Inventeurs du gaz et de la photographie.
Histoire de quatre Inventeurs français. (Couronné par l'Académie française.)

Librairie G. Charpentier.

Souvenirs d'un officier polonais.
Du Weser au Zambèze.

Librairie académique E. Perrin.

Le Général Kléber.
Les Français en Prusse.
Souvenirs de la Terreur.
Maret, duc de Bassano. In-8°, avec portrait, 2e *édition*.

PARIS. TYPOGRAPHIE E. PLON, NOURRIT ET Cie, RUE GARANCIÈRE, 8

PAULIN TALABOT

SA VIE ET SON ŒUVRE

(1799 — 1885)

PAR

LE BARON ERNOUF

PARIS

LIBRAIRIE PLON

E. PLON, NOURRIT ET Cie, IMPRIMEURS-ÉDITEURS

RUE GARANCIÈRE, 10

1886

PAULIN TALABOT

SA VIE ET SON ŒUVRE

1799-1885

I

Origine de Paulin Talabot. — Sa famille. — A-t-il été saint-simonien ?

On parle quelquefois de la pesanteur d'esprit des habitants du Limousin. Pour faire justice de cette banale imputation, il suffirait de citer, outre les grands artistes émailleurs dont les œuvres sont une de nos gloires nationales, d'Aguesseau et la Reynie, Vergniaud, Gay-Lussac, Cruveilhier, les maréchaux Jourdan et Bugeaud, tous nés dans la capitale de cette ancienne province. Nous en passons, et des meilleurs.

A ces noms justement célèbres, il convient d'ajouter celui de Paulin Talabot, l'un des hommes qui ont rendu, dans ce siècle, les plus grands services à l'industrie et au commerce français. Toutefois, si Limoges fut sa ville natale, Nîmes a été sa résidence favorite, le centre d'action de ses travaux les plus importants. Aucun souvenir ne serait plus populaire dans cette ville que celui de l'auteur du pont de Beaucaire, du révélateur des richesses minières de la Grand'Combe et de Bessèges, si la reconnaissance se mesurait à l'étendue des bienfaits, comme il arrive quelquefois!...

La famille Talabot appartient à la haute bourgeoisie limousine. François Talabot, le père de Paulin, était, avant la Révolution, avocat au présidial de Limoges. Après le 18 brumaire, il entra dans la nouvelle magistrature, et fut, pendant vingt ans, président du tribunal civil de sa ville natale. Il eut huit enfants : cinq fils, dont Paulin, né le 18 août 1799, était le quatrième, et trois filles. Les cinq garçons firent d'excellentes études au lycée de Limoges, établi en l'an XI sous la direction intelligente d'un ancien chevalier de Malte, H. de Gaston. L'aîné des cinq frères, Auguste, fut magistrat comme son père, devint à son tour président à Limoges, et occupa ce siége pendant trente ans. Le second, Léon, fut élève de l'École polytechnique, et député de la Haute-Vienne sous le règne de Louis-Philippe. Lui et Jules, le troisième, qui avait suivi la carrière militaire, s'occupèrent aussi, de concert avec Paulin, d'importantes affaires industrielles.

Le dernier, Edmond, qui fut aussi élève de l'École polytechnique et mourut jeune, avait été l'un des plus fervents adeptes du saint-simonisme. « Le système industriel de Saint-Simon, son *Nouveau Christianisme,* avaient enflammé une foule d'esprits passionnés et aventureux, esprits d'élite au demeurant pour la plupart, dont un grand nombre ont survécu au ridicule de certaines manifestations de la religion nouvelle, et laissé dans notre histoire industrielle une trace lumineuse [1]. » Dans ces manifestations, Edmond Talabot avait joué un rôle qu'on attribua ensuite par erreur à son frère Paulin.

L'un des anciens et intimes amis de celui-ci, M. Fargeon, proteste vivement contre cette confusion, dans les notes qu'il a bien voulu nous communiquer. « Moi, dit-il, qui, à cette époque, vivais avec lui et savais fort bien qu'il ne pouvait être en même temps ingénieur à Nîmes et saint-simonien à Ménilmontant, j'ai fait ce que

1 *Notice sur la vie et les travaux de M. Didion,* par M. Noblemaire, directeur de la Compagnie P. L. M. — Nous ferons plus d'un emprunt à ce travail, digne hommage rendu à la mémoire d'un homme dont le souvenir reste uni, enlacé en quelque sorte, à celui de Talabot.

j'ai pu pour déraciner ce préjugé, auquel la mort prématurée d'Edmond Talabot avait donné une fâcheuse consistance. »

Tenons donc pour certain que Paulin Talabot n'a jamais figuré, de sa personne, dans les démonstrations excentriques de la salle Taitbout et de Ménilmontant. Toutefois, il demeure incontestable que, sur certains articles sérieux du programme saint-simonien, il a été en parfaite communauté d'aspirations avec plusieurs des hommes les plus éminents de ce groupe : Didion, Stéphane Mony, Michel Chevalier, Fournel et aussi Enfantin, le *Père Suprême*. Dans plus d'une circonstance importante de sa carrière industrielle, il s'est trouvé en rapports intimes avec ces esprits d'élite, qui avaient, comme dit le proverbe anglais, « semé leur folle avoine », dans la période mythologique du saint-simonisme.

Ce n'est qu'en 1896, époque fixée pour la divulgation des archives saint-simoniennes, qu'on saura toute la vérité sur le fond de la doctrine, et sur la solidarité qui parait avoir existé entre les affiliés à divers degrés.

De l'aveu de ses plus ardents adversaires, « de tous les systèmes socialistes, le saint-simonisme était le plus complet, le plus vrai, le plus conséquent ». Ses adeptes n'étaient rien moins qu'athées, puisqu'ils définissaient l'homme « la représentation finie de l'être infini », et qu'ils admettaient le sacerdoce comme « l'une des trois principales fonctions de l'humanité, concurremment avec la science et l'industrie[1] ». Ils ont prévu et signalé, des premiers, les premiers! l'importance prochaine du mouvement industriel, et aussi les maux, les dangers qu'il amènerait à sa suite.

Déjà, quinze ans plus tard leurs prévisions commençaient à se vérifier, quand Didion écrivait, quelques semaines après la révolution de février 1848, ces lignes remarquables : « La grande question de la politique à venir, c'est l'organisation des ouvriers. Voilà notre vieux groupe saint-simonien justifié pleinement! Il deviendra, je l'espère, très-utile, parce que tous nos amis ont des positions respectables, et veulent l'ordre avant tout, en même temps qu'ils comprennent mieux que les autres la situation et ses difficultés[2]. »

Les plus exaltés d'entre les saint-simoniens voulaient une transformation radicale de la société, mais par des moyens pacifiques. Plusieurs, semblables aux alchimistes du moyen âge, en poursuivant des utopies chimériques, ont trouvé

[1] Franck, *Dictionnaire des sciences philosophiques*, art. *Socialisme*.

[2] Lettre du 1er avril 1848.

de grandes choses, pris de glorieuses initiatives. Enfantin, traité de fou dans sa propre famille, a été l'un des premiers promoteurs du canal de Suez et de l'organisation actuelle du réseau français.

II

Éducation de P. Talabot. — En sortant de l'École polytechnique, il est employé comme ingénieur à Brest, puis à Decize, aux travaux du canal latéral à la Loire. — Détails sur ce canal. — Arrivée de Didion ; sa liaison intime avec Talabot. — Le conducteur des ponts et chaussées *Bourdaloue*.

Paulin Talabot, d'abord destiné au barreau, montra de bonne heure des dispositions exceptionnelles pour les sciences exactes, et son père eut la sagesse de ne pas contrarier sa vocation. Il lui fit même donner des répétitions par le censeur du collége, un de ses anciens amis, mathématicien émérite. Aussi Paulin fut reçu à l'École polytechnique dès l'âge de dix-huit ans. Il en sortit en 1819 dans les ponts et chaussées, et fut d'abord employé dans le service de l'arrondissement de Brest, puis aux travaux du canal latéral à la Loire.

L'exécution de ce canal faisait partie du programme des lignes destinées à compléter le réseau de nos voies navigables, programme dont la première idée appartient au ministre libérateur du territoire, qui a porté dignement le nom de Richelieu. « Le but du canal latéral était d'affranchir le commerce des difficultés et des intermittences de la navigation de la Loire, en reliant les canaux du Centre et de Briare par une communication de même valeur et de même puissance [1]. » On avait affecté à son exécution le montant d'un emprunt de 12 millions, somme égale au devis établi pour la ligne principale. Cette évaluation était beaucoup trop modeste; les frais de premier établissement s'élevèrent, rien que pour cette ligne, à 32,600,000 francs.

Paulin Talabot ne prit part à ces travaux que jusqu'en 1829. Il habitait alors la petite ville de Decize, à laquelle sa situation originale et pittoresque avait valu, sous le régime conventionnel, le nom burlesque de *Rocher-la-Montagne*. Elle occupe en effet, au confluent de la Loire et de l'Aron, un îlot rocheux dont le sommet est couronné par les ruines pittoresques d'un château féodal, auquel steamers et locomotives « crachent insolemment leur fumée au visage ». Comme on le voit dans les *Commentaires* de César, cette localité éduenne était déjà un centre de population important lors de la conquête romaine, à cause des facilités de refuge et de défense qu'offrait sa

[1] GRANGER, *Voies navigables de la France*, p. 326.

situation. Elle n'est pas moins heureusement placée aujourd'hui au point de vue commercial. C'est là, en effet, que vient aboutir le canal du Nivernais commencé avant la Révolution, terminé seulement en 1834, qui met en communication l'Yonne avec la Loire [1]. De plus, cette escale est desservie présentement par le chemin de fer de Nevers à Autun, et par une section du canal qui met en communication la Loire avec le canal latéral depuis 1845. Ces communications multipliées suffisent à peine aujourd'hui pour le transport des charbons. Decize est en effet le centre d'un bassin houiller d'une superficie de plus de 8,000 hectares, dont les produits, qui ne s'élevaient encore qu'à 400,000 tonnes en 1844, ont sextuplé depuis.

Ce fut pendant la dernière année de son séjour à Decize, que Talabot fit connaissance avec Didion, plus jeune que lui de quatre ans. Élève très-distingué d'un modeste pensionnat tenu par un ecclésiastique, ce qui prouve que les établissements libres ont quelquefois du bon; admis à l'École polytechnique le quatorzième et sorti le *premier,* Didion avait été employé d'abord à Niort comme élève ingénieur, promu ingénieur ordinaire en 1825, et appelé à Decize en 1828.

[1] L'achèvement de ce canal important était compris dans le programme de 1820. Les travaux complémentaires, évalués alors à 8 millions, en coûtèrent 26.

Ces premières relations avec Talabot eurent une grande et heureuse influence sur leur avenir. Didion resta attaché à la construction du canal latéral, jusqu'en 1832, époque où ces deux amis, qui se complétaient si bien l'un par l'autre, se retrouvèrent à Nîmes, et cette fois pour longtemps. Ils allaient figurer côte à côte, au premier rang, parmi les ouvriers français de la première heure, ou plutôt de l'aurore de la grande industrie des chemins de fer.

Ce séjour à Decize leur avait été profitable à tous deux. Ils y avaient acquis une expérience des travaux d'art, peu commune à cette époque [1]. Ce fut là aussi qu'ils connurent plusieurs jeunes gens heureusement doués et de bonne volonté, qui devinrent ensuite leurs auxiliaires dans la construction des premières voies ferrées. L'un des plus capables, dont nous aurons à reparler,

[1] Il suffira de rappeler que la seule ligne principale du canal latéral à la Loire a nécessité la construction de quarante-deux écluses et de plusieurs ponts-aqueducs. Le plus considérable, celui du Guétin, qui fait passer le canal au-dessus de l'Allier pour le réunir à celui du Berry, et auquel Talabot a travaillé, est d'une longueur de cinq cents mètres, avec dix-huit arches de seize mètres d'ouverture. En général, on peut dire que les travaux entrepris en exécution du programme de 1820 ont été, en fait, une préparation utile à ceux des voies ferrées. Il faut savoir gré au gouvernement royal d'avoir osé donner cette impulsion malgré ses difficultés personnelles, et à une époque encore aussi voisine des grands malheurs publics.

Bourdaloue, qui n'était encore que conducteur des ponts et chaussées, suivit Talabot à Nîmes dès 1829. Il était de Bourges comme le prédicateur son illustre homonyme, et probablement de la même famille.

III

Talabot ingénieur du canal d'Aigues-Mortes à Beaucaire. — Historique de ce canal. — Travail remarquable de Talabot pour en exclure l'eau salée.

L'amélioration ou plutôt la transformation du canal d'Aigues-Mortes à Beaucaire, conception heureuse et originale, a été le grand événement de la jeunesse de Paulin Talabot. Ce coup d'essai fut un coup de maître. Pour en faire comprendre tout le mérite, il est nécessaire de rappeler au moins sommairement les antécédents historiques de ce canal.

La région qu'il traverse forme sur la rive gauche du petit Rhône une sorte de terrain neutre, où les alluvions, l'eau salée et l'eau douce sont aux prises avec des succès alternatifs. Malgré d'assez grands travaux de desséchement, cette contrée offre encore, dans son ensemble, un aspect heureusement unique en France. Peuplée de vaches et de taureaux sauvages, de chevaux errant en liberté, de reptiles venimeux, de myriades d'insectes, elle offre au regard une vaste étendue d'étangs, de marais, de lisières de sable et de landes humides, parsemés de rares bouquets de pins.

Le premier projet de dessèchement de ces marais remonte à Henri IV; la première idée du canal, à l'année 1645. Mais ce fut seulement en 1780 que les États de Languedoc, subrogés aux précédents concessionnaires, commencèrent ce grand ouvrage, en creusant le lit du canal dans la section d'Aigues-Mortes à Saint-Gilles, sur un parcours d'environ 35 kilomètres, à travers des marécages dont le niveau est à peine égal, et même souvent inférieur à celui de la mer. Il avait bien fallu établir le canal en contre-bas de ce niveau; aussi l'eau salée n'aurait pas manqué de refluer dans les terrains adjacents, et d'y détruire tous les germes de végétation, si elle n'avait été retenue par des chaussées insubmersibles.

Il y avait déjà environ 3 millions de dépensés, somme considérable pour ce temps, quand la Révolution arrêta ces travaux, comme tant d'autres! Pendant la période d'anarchie qui suivit, les chaussées furent rompues sur divers points, par l'effort de la mer ou pour d'autres causes.

L'état déplorable de la partie commencée de ce canal, et la nécessité de le terminer, fixèrent de bonne heure l'attention du gouvernement consulaire. Une loi du 25 ventôse an XI en prescrivit l'achèvement; et, le 27 floréal suivant (17 mai 1801), intervint entre le directeur général des ponts et chaussées et la Compagnie Perrochel un traité par lequel celle-ci prenait à sa charge la réfection et l'achèvement du canal de Beaucaire à Aigues-Mortes et de ses dépendances, situées dans le département du Gard (canaux de la Radelle, de Sylvéréal et Bourguidou), formant un développement total de 77,100 mètres, dont 50,400 pour le canal principal. En retour, « indépendamment des droits de navigation, et de la jouissance, pendant quatre-vingts ans, de tous les francs-bords (terrains laissés libres le long des canaux), le gouvernement concédait à la Compagnie la propriété incommutable et perpétuelle de tous les marais, étangs et palus situés dans le département du Gard, entre Beaucaire, Aigues-Mortes et l'étang de Mauguio [1], appartenant à l'État, et provenant de l'ancien domaine de l'Ordre de Malte, de tous domaines nationaux, etc. ». Par la confiscation, procédé expéditif, sinon équitable, la Révolution avait coupé court aux procès multipliés en revendication et en délimitation de propriété, qui avaient retardé l'opération de deux siècles.

[1] Étang auquel vient aboutir le canal de la Rodelle, faisant suite au canal principal.

La dépense à faire était évaluée à 2,500,000 fr., et le délai primitivement accordé par le cahier des charges, pour leur achèvement, expirait le 12 septembre 1806.

La Compagnie poursuivit avec une grande activité l'exécution du canal jusqu'à Beaucaire, et les bateaux purent en effet y passer dès 1806. Mais il s'en fallait bien que tout fût terminé. Les brèches faites pendant la Révolution ne purent être totalement fermées que dans la dernière année de l'Empire. La disposition de l'écluse de prise d'eau dans le Rhône, destinée à alimenter la partie supérieure du canal, prit aussi bien plus de temps et d'argent qu'on ne l'avait prévu. En définitive, on dépensa 16 millions au lieu de 2 et demi, et la réception définitive n'eut lieu que le 29 septembre 1828.

A cette époque, les biefs supérieurs du canal étaient alimentés exclusivement par les eaux dérivées du Rhône, au moyen de l'écluse de prise d'eau ; de sorte qu'à l'époque de la réception des travaux, le canal de Beaucaire était un canal d'eau salée d'Aigues-Mortes à Saint-Gilles, comme celui d'Aigues-Mortes à Sylvéréal creusé par Vauban ; et un canal d'eau douce seulement depuis Saint-Gilles jusqu'à Beaucaire.

Il convient d'ajouter que l'habile ingénieur Bouvier, prédécesseur de Paulin Talabot, avait exécuté, dans l'intérêt de la Compagnie et des viticulteurs de la région limitrophe, des travaux qui avaient amené dans les vastes marais de Saint-Gilles et de Vauvert, situés en aval de la section d'eaux douces du canal, d'autres eaux douces dérivées du petit Rhône, et dont l'action bienfaisante avait fait renaître la végétation des plantes palustres, engrais indispensable pour la culture de la vigne, qui déjà prenait un grand développement dans les alentours [1].

Telle était la situation quand Paulin Talabot fut appelé à Nîmes pour remplacer, comme ingénieur de la Compagnie, M. Bouvier qui rentrait dans le service public. Le président du conseil d'administration était alors le maréchal Soult, duc de Dalmatie, l'un des principaux actionnaires. Grâce à ses facultés éminentes, il comprenait et dirigeait en quelque sorte d'instinct les grandes affaires industrielles avec la même rectitude de jugement, la même sûreté de coup d'œil que jadis la grande guerre. C'était lui qui avait choisi pour ingénieur Talabot, dont il connaissait particulièrement la famille. Ce fut aussi le maréchal qui le mit en rapport avec M. Fargeon. Celui-ci venait

[1] Le Gard était devenu l'un de nos premiers départements viticoles, avant l'invasion du phylloxera. La superficie des vignobles, qui atteignait 76,000 hectares en 1869, est réduite aujourd'hui à moins de 20,000.

de succéder à son père dans la direction des affaires contentieuses de la Compagnie. Cette première rencontre entre deux jeunes gens bien faits pour s'apprécier, fut le point de départ d'une intime et constante amitié qui ne fit que s'accroitre avec l'âge. La mort elle-même n'a pas rompu ce lien; aujourd'hui encore le souvenir de Talabot, l'espérance que tôt ou tard un juste hommage sera rendu à sa mémoire, est une des grandes préoccupations de son ancien ami[1].

Voyant l'effet salutaire produit par le travail de son prédécesseur, Paulin Talabot conçut le projet d'opérer une amélioration plus radicale, en substituant l'eau douce à l'eau salée dans la section d'Aigues-Mortes à Saint-Gilles, et dans le canal de Sylvéréal. A cet effet, il établit près d'Aigues-Mortes une écluse (dite *de garde*), à trois entrées et à cinq portes; ouvrage dont le mécanisme ingénieux laisse un libre passage à l'écoulement des eaux provenant des deux canaux, quand leur niveau est supérieur à celui de la mer; et, dans le cas contraire, empêche celle-ci de pénétrer.

[1] M. Fargeon ajoute dans ses notes que ses collègues du barreau de Nîmes, dont plusieurs sont devenus justement célèbres, Boyer, Béchard, Baragnon, de Sibert (depuis secrétaire général au ministère de la justice), devinrent aussi et restèrent les amis de Paulin Talabot et de son camarade Didion.

Cet ouvrage, terminé en 1834, atteignit parfaitement son but. Les deux canaux, jusque-là salés, sont depuis cette époque alimentés exclusivement par les eaux douces dérivées du grand Rhône à Beaucaire, et du petit Rhône à Sylvéréal, au grand profit des propriétés riveraines.

L'idée, comme on voit, était bien simple; seulement il fallait l'avoir! Ce premier succès fit le plus grand honneur à Paulin Talabot, et lui valut une confiance que des travaux ultérieurs, bien autrement considérables, devaient pleinement justifier.

IV

Première excursion à la Grand'Combe. — État primitif de cette localité. — Talabot conçoit, dès 1830, le projet de mettre ce bassin houiller en communication avec le littoral méditerranéen au moyen d'un *chemin de fer*. — Antécédents historiques de l'industrie des chemins de fer. — Les premiers chemins de fer anglais. — La vocation de Talabot déterminée par l'exemple des Stephenson, et ses relations avec eux.

Paulin Talabot aimait à raconter sa première excursion dans les montagnes d'Alais, en 1829 ou 1830. Faute de chemin et même de sentier, il lui fallut, pour arriver à la Grand'Combe, monter par la gorge de l'Avène, affluent du Gardon d'Alais, en faisant marcher son cheval dans le lit du torrent. Dans les quelques huttes éparpillées sur l'emplacement de la ville actuelle, il ne put pas même trouver un verre d'eau propre. Toutes celles qu'on lui apporta étaient mélangées d'ocres qui leur donnaient des teintes rougeâtres ou jaunâtres fort peu appétissantes.

L'extraction de la houille avait commencé dans cet endroit en 1809. Mais elle s'opérait par les procédés les plus rudimentaires, et dans une proportion infime, faute de moyens de transport. « Avant 1830, nous disait dernièrement un contemporain, on exportait de la Grand'Combe moins de charbon en un an, que le chemin de fer n'en emporte aujourd'hui en un jour. » En 1833, on n'en tirait encore qu'environ 30,000 tonnes. En 1878, la production des bassins houillers contigus du Gardon et de la Cèze (la Grand'Combe et Bessèges) a dépassé le chiffre de 1,784,000 tonnes, et elle a encore augmenté depuis!

L'honneur de cette création industrielle revient tout entier à Paulin Talabot. Elle suffirait pour marquer sa place parmi les hommes qui, dans ce siècle, ont bien mérité du pays.

Dès son arrivée à Nîmes, sinon auparavant, il avait conçu le projet de mettre à la disposition de la région française du Midi les ressources encore inexplorées du bassin houiller d'Alais, au moyen d'un *chemin de fer*. Il avait compris aussi qu'il importait, pour ne pas faire fausse route dès le début, que la Compagnie concessionnaire du chemin fût en même temps propriétaire des principaux gîtes houillers du bassin.

L'établissement de ce chemin de fer dans un pays aussi accidenté devait nécessairement être des plus coûteux ; la dépense s'est élevée, en effet, à 12 millions. D'autre part, l'achat et l'aménagement des mines en avaient coûté quatre. C'était donc une dépense totale de 16 millions, somme considérable en tout temps, formidable en présence de la situation financière et politique en 1830 et dans les années suivantes; de l'état des esprits, des préventions qui existaient encore contre les chemins de fer chez beaucoup d'hommes d'ailleurs intelligents, même chez des savants officiels, « reconnus et payés comme des hommes du plus grand mérite », comme l'écrivait précisément à cette époque l'illustre et malheureux inventeur de l'application de l'hélice à la navigation, Frédéric Sauvage [1]. « Telle était l'entreprise que ne craignit pas d'aborder un jeune ingénieur encore inconnu du monde scientifique, et surtout du monde financier. »

Cette tentative paraît d'une témérité héroïque, quand on se reporte à l'époque de l'organisation de la Société d'études, et de la rédaction de l'avant-projet, c'est-à-dire tout au moins à l'année 1830, puisque cet avant-projet fut présenté dès 1831 par Talabot au Conseil général des ponts et chaussées.

Pour bien apprécier le mérite d'une telle initiative, il convient de remonter aux antécédents, et de rappeler brièvement quelle était

[1] *Histoire de quatre inventeurs français* (Hachette), p. 19.

alors la situation de l'industrie des chemins de fer.

Tout le monde sait aujourd'hui que le premier essai d'application en grand de la vapeur à la navigation est dû à Denis Papin. C'est le bateau muni d'un appareil à feu faisant mouvoir des rames, sur lequel l'illustre et malheureux inventeur s'embarqua le 24 septembre 1707, et qui fut deux jours après saisi et mis en pièces par les mariniers superstitieux du Weser [1]. Mais on sait moins que Papin avait fait antérieurement une autre tentative d'application de sa découverte aux « voitures par terre ». Il écrivait à Leibniz, le 25 juillet 1698 : « Comme je crois qu'on peut employer cette innovation à bien autre chose qu'à lever de l'eau, *j'ai fait un modèle d'un petit chariot qui s'avance par cette force,* et il fait l'effet que j'en avais attendu. — Si l'on pouvait pousser la machine à feu jusqu'à surpasser les chevaux, répondait Leibniz, elle serait d'un usage merveilleux pour les voitures. » Donc, Papin avait fabriqué un modèle de *locomotive,* trois quarts de siècle avant l'apparition du chariot rudimentaire de l'ingénieur *français* Cugnot, dont s'inspirèrent les prédécesseurs anglais de Georges Stephenson.

Il semble que « toutes les inventions françaises

[1] Nous avons raconté en détail cette scène navrante dans notre *Étude sur Denis Papin* (Hachette), p. 135 et suiv.

aient besoin d'être mises en nourrice en Angleterre », comme disait Frédéric Sauvage en voyant des contrefaçons de son hélice exécutées en grand et installées à bord de navires anglais, tandis qu'en France il se débattait contre les conclusions d'un rapport officiel, déclarant ce même appareil inapplicable aux bateaux à vapeur!

Papin avait prévu « que l'inégalité et les détours des grands chemins rendraient son invention très-difficile à perfectionner pour les voitures par terre ». Aussi l'on a peine à comprendre aujourd'hui que Stephenson ait eu tant de difficulté à détromper ses compatriotes, qui persistaient à essayer la nouvelle force motrice sur les routes ordinaires. « Ils s'obstinaient à croire qu'une surface molle était préférable pour l'emploi de la vapeur à une surface résistante..., que l'aspérité de la surface était indispensable pour donner prise aux roues, surtout en gravissant les rampes. Ils confondaient l'aspérité avec la résistance et l'adhérence des parties, ne comprenant pas qu'une surface qui cède sous la roue ne peut offrir à celle-ci le point d'appui nécessaire [1]. » Aussi *Geordy* (Georges Stephenson) disait dans son langage imagé : « Le rail et la roue, c'est l'homme et la femme » ; et on le voit, pendant toute sa car-

[1] Smiles, *les Stephenson* (Plon).

rière, mener de front le perfectionnement de l'un et de l'autre.

Ce sont les relations de Talabot avec Georges Stephenson et son fils Robert, qui ont déterminé sa vocation. Elles commencèrent dès l'époque où Talabot était encore au service de l'État. De Brest, de Decize, le jeune ingénieur français avait suivi d'un œil attentif les péripéties de la lutte engagée par Geordy pour l'établissement des premiers chemins desservis par locomotives; celui de Darlington à Stockton sur Tees (ouvert le 27 septembre 1825), le premier qui ait transporté des voyageurs [1]; et celui de Manchester à Liverpool (janvier 1830), dont le succès eut un bien autre retentissement.

Entre ces deux dates, Talabot avait fait déjà pendant ses vacances quelques voyages en Angleterre. Mais on peut dire qu'avant de le connaître personnellement, Georges Stephenson avait été de loin son éducateur. Ce fut Geordy qui livra et gagna les premières et décisives batailles pour l'établissement des chemins de fer; et il lui fallut plus d'énergie, de force d'âme, pour vaincre les

[1] On peut voir dans l'ouvrage de Smiles la figure du premier wagon de voyageurs qui fut employé sur ce chemin, l'*Experiment*. Ce véhicule ressemblait fort à une baraque de saltimbanques. Il portait cette légende, peu attrayante pour les voyageurs peureux : *Periculum privatum utilitas publica*.

préjugés de ses compatriotes, que pour surmonter toutes les difficultés matérielles; plus de peine pour obtenir l'autorisation d'entreprendre, que pour mener à bien les entreprises! Dans les péripéties de cette lutte, on retrouve de part et d'autre toute la ténacité anglo-saxonne, et ce sont les motifs les plus absurdes qui donnent lieu aux résistances les plus acharnées. En 1818, le premier bill pour l'établissement des chemins de fer de Stokton à Darlington avait été rejeté sur l'opposition d'un duc quelconque, « parce que la ligne projetée devait passer près d'un de ses terriers à renards! » Mais ce fut bien autre chose quand il s'agit du chemin de Manchester à Liverpool! Les Compagnies des canaux combattirent *per fas et nefas* l'établissement de cette concurrence. « On prétendait que le chemin de fer empêcherait les vaches de paître et les poules de pondre, que la fumée empoisonnée des locomotives ferait naître des maladies contagieuses; que les maisons voisines de la ligne seraient incendiées, les voyageurs pulvérisés par l'explosion des chaudières; que dans les contrées envahies par les chemins de fer, les terres perdraient toute leur valeur. Cette invention diabolique allait supprimer les chevaux, et par conséquent les métiers de cocher, de jockey, de vétérinaire, de carrossier, de sellier, etc. Le foin et l'avoine deviendraient invendables! » Mais on terminait toujours par cette assurance consolante que les chemins de fer ne seraient jamais exploités par les locomotives, que leur poids empêcherait nécessairement celles-ci de se mouvoir, ou qu'il suffirait d'un souffle d'air pour les arrêter!

Surexcités par ces déclarations, les paysans voulaient interdire de force aux ingénieurs l'accès de leurs terres. Mais Stephenson avait su communiquer à ses auxiliaires le feu sacré qui l'animait. Dans plus d'une rencontre ils défendirent vaillamment, comme un drapeau, le *théodolite* qu'on voulait leur arracher [1].

Dans cette étrange guerre, l'ignorance avait pour auxiliaire la science officielle. Parmi les ingénieurs en renom, les uns étaient absolument opposés à l'emploi des locomotives; les plus avancés rejetaient comme chimérique ou téméraire à l'excès, l'idée de « machines circulant deux fois plus vite que les diligences » ! Lors de la première discussion (avril 1825) du projet concernant le chemin de Manchester, Stephenson fut tenu sur la sellette pendant plusieurs séances par des savants émérites, dont l'un fit un *speech* qui dura deux jours. Il démontra scientifiquement que les

[1] Cet instrument, qui sert à mesurer directement les angles réduits à l'horizon, était sans doute pris pour un engin diabolique.

plans du « soi-disant ingénieur » étaient de tout point absurdes, inexécutables, ou plutôt qu'il n'avait jamais eu de plan et n'était pas capable d'en faire un. Cette harangue détermina le rejet du bill. Les amis de Stephenson et Stephenson lui-même chancelèrent sous ce coup. Mais ils reprirent bientôt courage, et dès l'année suivante présentèrent un nouveau bill. Cette fois les directeurs avaient eu recours à certains moyens dédaignés jusque-là. On avait fait disparaître jusqu'à nouvel ordre le nom de Stephenson. Le tracé avait été remanié à l'intention des grands propriétaires; on avait évité avec soin les parcs et les grandes réserves de gibier. Les arguments que le Basile de Beaumarchais qualifie d'irrésistibles n'avaient pas été non plus oubliés. Enfin l'on avait affecté de rester dans le vague relativement à l'emploi des locomotives. « La question demeurait réservée à l'appréciation ultérieure du Parlement. » Cette manœuvre décida du succès. Dès que le bill fut passé, Stephenson redevint ostensiblement l'ingénieur en chef, et commença par exécuter les ouvrages proclamés les plus inexécutables par les savants officiels, notamment le trajet de la tourbière de *Chat Moss* (1826). Cependant, malgré les bons résultats obtenus des locomotives (pour le transport des houilles seulement) sur le chemin de Killingworth dès 1816, sur celui de Darlington depuis 1825, le comité de Manchester hésitait encore au printemps de 1829 entre les locomotives et les machines fixes. Il penchait même pour ces dernières, dont l'emploi lui était recommandé de préférence à cette époque par deux ingénieurs réputés des plus habiles. Mais Stephenson tint bon, bien qu'il eût encore contre lui la coalition de l'opinion publique et de la science officielle, lui naguère pauvre ouvrier mineur, ayant fait à lui seul, puis avec l'aide de son fils (v. les *Stephenson*, ch. v), son éducation scientifique, ne devant rien qu'à lui-même ou plutôt à Dieu qui lui avait donné ce que la meilleure éducation ne donne pas, la force inventrice : *mens divinior !*

« Chose étrange! si nous passons en revue ces grandes inventions, ces procédés admirables des arts qui nous ont soumis l'univers, on trouve que nous ne devons rien, ou presque rien, aux savants en titre. Environnés de tous les secours que l'instruction, les arts, l'ambition peuvent prêter au génie, on les voit expliquer, corriger, analyser, perfectionner! *Mais ils ne savent rien ajouter à la puissance humaine!* et tandis que l'orgueilleuse théorie calcule et rêve doctement dans les académies, l'expérience enfante ses miracles chez l'amateur modeste, parfaitement inconnu avant de devenir immortel. » (X. DE MAISTRE, *OEuvres inédites.*)

Stephenson n'avait pas seulement le génie, il avait la puissance de volonté, la persévérance héroïque. Les directeurs cédèrent à ses instances, et c'est alors qu'eut lieu le 1er octobre 1829, date à jamais mémorable dans les fastes de l'industrie des chemins de fer, le concours de locomotives dans lequel la victoire, une victoire éclatante, fut remportée par la locomotive des Stephenson, la *Fusée* (*Rocket*), qui, seule, accomplit toutes les épreuves à une vitesse moyenne supérieure d'un tiers à celle indiquée dans le programme, et sans aucun accident. La *Fusée* devait ce succès à l'application perfectionnée du système tubulaire inventé, dès 1827, par l'ingénieur *français* Marc Séguin.

Ce concours de 1829 eut une influence décisive sur l'avenir des chemins de fer, en déterminant l'emploi des locomotives de Stephenson sur celui de Manchester, dont l'inauguration eut lieu deux mois après.

V

Formation, par Talabot, d'une Société pour l'exploitation des mines de la Grand'Combe et la construction du chemin de fer d'Alais à Beaucaire. — Sa collaboration avec Didion, qui était venu le rejoindre à Nîmes. — Constitution définitive de la Société (1837).

Le succès obtenu en Angleterre par Stephenson encouragea Paulin Talabot à entreprendre le chemin d'Alais. Il déploya dans cette entreprise une sagacité et une ténacité exceptionnelles, deux qualités qui ne lui ont jamais fait défaut. Jamais aussi elles ne lui furent plus nécessaires. Il n'avait pas, il est vrai, à se préoccuper, comme Stephenson, d'éviter les terriers à renards et les réserves de la haute aristocratie; mais, à cela près, les difficultés étaient les mêmes. Il lui fallait pareillement imposer sa croyance dans l'avenir des chemins de fer, vaincre les préjugés de l'ignorance et de la fausse science, vaincre aussi l'indifférence du plus grand nombre, la force d'inertie, ce *travail résistant,* si difficile à transformer en travail moteur!

Cette épreuve fut, pour le caractère de Talabot, quelque chose d'analogue à ces *essais* auxquels on soumet les ouvrages d'art importants : ponts ou viaducs, avant de les livrer à la circulation. Puisqu'il n'a pas fléchi sous cette charge, c'est qu'il ne devait fléchir jamais !

Comme nous l'avons dit, son projet comprenait deux opérations solidaires : l'acquisition des mines et l'établissement du chemin de fer. Talabot n'hésita pas. Il chercha et sut trouver en peu de temps des collaborateurs : à Marseille, deux des notabilités du haut commerce de cette ville, MM. Veaute et Abric ; à Nîmes, un vétéran de nos grandes guerres, nommé Mourier, qui, depuis la chute de l'Empire, avait fait fortune dans des entreprises de travaux publics. Une aptitude naturelle des plus remarquables pour les affaires suppléait chez lui au défaut d'éducation. C'était lui qui avait le mieux compris les avantages de l'entreprise, et il le fit bien voir en déterminant, au dernier moment, ses associés à faire un sacrifice plus considérable qu'ils ne le voulaient d'abord.

Ce fut dans l'été de 1832 que Talabot se trouva de nouveau réuni à Didion, qui, pour le rejoindre, avait échangé son poste de Decize pour le service ordinaire de l'arrondissement de Nîmes. Les deux amis faisaient ménage ensemble : ils avaient organisé un plan d'études en commun, dans lequel une large part avait été faite, et avec raison, à l'étude des langues, *et surtout de l'anglais.* Ils firent aussi alternativement plusieurs voyages en Angleterre. Ce furent d'heureuses et fécondes années! Ils exécutèrent, de concert, d'importants travaux de desséchement sur les bords du canal de Beaucaire, et complétèrent les projets du chemin de fer, au sujet duquel l'enquête ordonnée par le gouvernement se poursuivait avec une lenteur plus ou moins sage.

Nous empruntons au travail déjà cité de M. Noblemaire quelques passages d'une lettre dans laquelle Didion exposait à sa famille, dès le mois de mars 1833, avec une sûreté de coup d'œil remarquable, le but et l'avenir prochain de l'œuvre que Talabot et lui allaient entreprendre :

« Le chemin de fer d'Alais à Beaucaire est destiné à faire arriver à bon marché à Beaucaire tous les produits du bassin d'Alais. A partir de là, les transports se font aisément, d'une part sur Marseille et Toulon, par le Rhône et la Méditerranée, et d'autre part sur Montpellier, Toulouse et tout le Midi, par les canaux de Beaucaire et du Languedoc. Le bassin d'Alais, riche en mines de toute espèce, est surtout très-bien pourvu de houille et de minerai de fer; la houille est de la meilleure qualité, mais les frais de roulage sont trop élevés pour que sa consommation puisse s'étendre en dehors du département, et on n'en tire actuellement que 30,000 tonnes. La consommation de Marseille et de tout le Midi est alimentée par la houille de Saint-Étienne, qui descend le Rhône. Mais du jour où les houilles d'Alais arriveront à bon marché au port de Beaucaire, elles s'empareront de tout le marché du Midi, qui, aujourd'hui, consomme au moins 60,000 tonnes, et qui en consommera d'autant plus que les prix baisseront davantage. Le transport, qui coûte aujourd'hui 34 francs des mines à Beaucaire, ne coûtera plus que 12 francs par le chemin de fer. »

Tout a une fin, même, quelquefois, les enquêtes officielles ! L'adjudication passée au profit de Talabot, Veaute, Abric et Mourier fut approuvée, et le chemin de fer concédé par une loi du 29 juin 1833. Cette décision fut prise sur l'insistance d'Odilon Barrot, qui fit preuve en cette occasion d'un bon sens et d'une perspicacité méritoires. A cette époque, en effet, beaucoup d'hommes politiques, grands et petits, ne croyaient pas aux chemins de fer, — à commencer par Thiers, qui disait encore publiquement, en 1834, « que cette nouveauté était sans avenir dans notre pays; que si la France construisait cinq lieues de chemins de fer par an, ce serait beaucoup ; que cette invention ne servirait guère qu'à remplacer les *coucous* dans la banlieue », etc. Il faut dire, à sa décharge, qu'en Angleterre les ennemis du nouveau système de locomotion n'avaient pas encore abandonné la partie. Le prolongement jusqu'à Birmingham (*Great junction railway*), deux fois repoussé par la Chambre des communes, ne fut autorisé qu'en 1833, après une lutte acharnée. L'un des plus fougueux opposants, le colonel Sibthorpe, célèbre par sa laideur et sa loquacité exceptionnelles, disait « qu'il aimerait mieux rencontrer un voleur dans sa maison qu'un ingénieur sur ses terres [1] ». Il fallut payer des indemnités exorbitantes aux honorables députés dont le tracé atteignait les terres, sans quoi le bill eût probablement échoué une troisième fois.

La Compagnie anglaise avait son capital prêt, et put commencer tout de suite les travaux. La situation de la Compagnie française d'Alais était bien différente. Elle avait les mines, mais il restait à se procurer les fonds nécessaires pour la construction du chemin de fer; c'était la partie la plus ardue de l'entreprise. Pour surmonter l'indifférence ou les préventions du monde politique et financier, Paulin Talabot eut besoin de toute sa dextérité, de toute son énergie. Il parvint à gagner la confiance de plusieurs riches négociants de

[1] C'est à lui que O'Connell conseillait de prendre pour armoiries « une tête de veau et une mâchoire d'âne ».

Nîmes et de Marseille, et, à Paris, celle d'un capitaliste qui, à lui seul, valait mieux que plusieurs autres, le légendaire baron James de Rothschild. Après trois années d'efforts, il manquait encore 6 millions, que le gouvernement se décida à prêter moyennant remboursement en nature. Le projet de loi relatif à ce prêt eut l'honneur d'être défendu devant la Chambre par l'illustre Berryer. Il ne passa, toutefois, qu'après un long débat et à trois voix seulement de majorité (26 juin 1837). Les avantages économiques de cette entreprise avaient beau être reconnus par tous les hommes compétents, elle n'en était que plus vivement combattue par les opposants systématiques, qui ne voulaient pas qu'il pût venir quelque chose de bon du gouvernement!...

L'acte de Société pour l'exploitation des mines et la construction du chemin de fer fut signé le 27 juillet suivant [1]. Cette Société était établie en commandite, par actions en noms collectifs, au capital de 16 millions, dont 6, remboursables en charbon à fournir à la marine militaire, étaient prêtés par l'État contre un dépôt de 6,000 actions. Six autres millions étaient souscrits par la mai-

[1] Les sociétaires étaient MM. Léon, Jules et Paulin Talabot, Veaute, Abric, Mourier, Fraissinet, Roux, Luce, Ricard Delord et Fournier.

son Rothschild. Il était attribué aux fondateurs 8,000 actions, dites de fondation, ne devant participer aux bénéfices qu'après que les porteurs de 16,000 actions de capital auraient prélevé 5 pour 100 de leur mise. Ce mode de rémunération, qui cessa bientôt d'être autorisé, avait été employé précédemment par les concessionnaires des chemins de Lyon à Saint-Étienne, et de Paris à Saint-Germain.

Les travaux commencèrent tout de suite, sous la direction de Paulin Talabot et de Didion. « L'idée de ce chemin, a dit l'un des premiers historiens des voies ferrées, comme celle des annexes qui l'ont complété et qui ont associé le midi de la France au mouvement industriel de l'époque, appartient à un ingénieur éminent et fécond en ressources, Paulin Talabot. Sachant deviner les besoins à satisfaire, habile à stimuler l'activité locale, il a ouvert dans le bas Languedoc des sources de richesse et de prospérité qui ont transformé l'aspect de la contrée [1]. »

Parmi les améliorations introduites par lui à la Grand'Combe, dès les premières années, l'une des plus remarquables fut l'établissement d'un chemin à rails inclinés et automoteurs, où les wagons pleins, en descendant, déterminent la

[1] Audiganne, *les Chemins de fer français* (1855).

remonte des wagons vides, combinaison qui a le double avantage d'économiser des frais de main-d'œuvre, et d'éviter aux ouvriers un surcroît de travail pénible et parfois dangereux. C'était le premier ouvrage de ce genre exécuté en France.

VI

Difficultés exceptionnelles d'exécution du chemin d'Alais, conçu d'après le type anglais. — Les chemins français primitifs. — Le chemin de Saint-Étienne et les frères Séguin. — Dissentiment entre eux et Talabot sur le mode de construction. — Visites de Georges et de Robert Stephenson à Talabot. — Inauguration de la section de Nîmes à Beaucaire (juillet 1839).

La construction de cette ligne d'Alais présentait des difficultés exceptionnelles, et de plus d'un genre.

Il n'y avait alors en exploitation, sur notre territoire, que quelques tronçons de voies ferrées dans le département de la Loire, employés presque exclusivement au transport des houilles, et ne pouvant servir d'exemple, sinon de ce qu'il fallait éviter.

C'était d'abord le doyen des chemins de fer français : celui d'*Andrézieux à Saint-Étienne*, concédé dès 1823, construit par l'ingénieur Beaunier, et exploité depuis le mois d'octobre 1828, au moyen de chevaux [1]. « Il était formé de rails en fonte, qui s'appuyaient à leur extrémité sur des dés en pierre. Sa longueur totale était de 17,000 mètres, plus 6,000 mètres d'embranchements. Les wagons contenaient environ 2,400 kilogrammes. Deux chevaux descendaient six wagons ainsi chargés et les remontaient vides. La distance était parcourue en deux heures à la descente, et quatre à la remonte. » L'usage des locomotives n'y fut introduit qu'en 1841.

Venaient ensuite les diverses sections des chemins de Saint-Étienne à Lyon et Roanne (Rive-de-Giers-Givors, 1830; Givors-Lyon, 1832; Rive-de-Giers-Saint-Etienne, 1833; Andrézieux-Roanne, 1834). Les moins imparfaites étaient encore les deux premières, établies dans des conditions bizarres par les frères Séguin, d'Annonay. Ces deux ingénieurs n'étaient pas des hommes ordinaires. On leur doit l'établissement, en France, des premiers ponts suspendus, et l'aîné, Marc, est, quoi qu'en disent quelques écrivains anglais, le premier inventeur de la chaudière tubulaire.

[1] Beaunier, inspecteur des mines de Saint-Étienne, mort prématurément en 1831, fut en bien des choses un précurseur. Il avait deviné aussi l'avenir des machines à coudre. (V. la *Biographie de Thimonnier*, dans notre *Histoire de quatre inventeurs français*, Hachette, 1885.) Enfin, par sa liaison avec Bartholoni, il a exercé une influence considérable sur les destinées ultérieures de l'industrie des chemins de fer.

Ils avaient fait de ces chemins houillers ce que des utopistes naïfs prétendaient faire plus récemment du malencontreux réseau de l'État, improvisé en 1878, une espèce de *champ d'expériences*. Dans les premières années, les Séguin employèrent concurremment tous les moyens de traction : des chevaux, des câbles, des machines fixes, des locomotives. Sur quelques pentes rapides, les trains, abandonnés à eux-mêmes, dévalaient par leur propre poids [1].

« Les Séguin, dit M. Fargeon, étaient partisans du système dit alors *américain*, consistant à établir les voies les plus nombreuses et avec la plus stricte économie possible, sauf à les améliorer plus tard quand l'exploitation aurait donné des ressources financières suffisantes [2].

[1] Les cahiers de charges de ces premiers chemins de fer contenaient des clauses qui semblent aujourd'hui bien singulières. Ainsi, sur la ligne de Lyon à Saint-Étienne, les trains s'arrêtaient encore à volonté, comme les omnibus, pour laisser monter et descendre les voyageurs.

[2] Dès 1825, époque de l'inauguration du chemin de fer anglais de Darlington à Stockton, on se mit à construire des voies ferrées aux États-Unis. La circulation commença en 1827, sur *sept* kilomètres. Il n'y en avait encore que 66 d'exploités en 1830, mais déjà 1200 en 1834. Pour faire vite et à bon marché, on employait, suivant les localités, des moyens de traction variés, des rails en bois, en fonte, en fer, des courbes à rayon très-réduit, qui économisaient les frais de construction aux dépens de la sûreté des voyageurs, question tout à fait secondaire en Amérique, comme on sait. On se conten-

« Talabot, au contraire, imbu des principes de Stephenson, sûr comme lui de l'avenir des voies ferrées, estimait que rien ne devait être négligé pour assurer la sécurité et la continuité de leur service; que, par conséquent, il ne fallait reculer devant aucune dépense nécessaire ou utile. Il mit en pratique ce système, conforme aux types des chemins de Manchester à Liverpool et Birmingham, dans la construction des lignes du Gard, et plus tard dans celle du chemin d'Avignon à Marseille.

« Des relations de famille m'avaient mis en rapport avec les Séguin, et permis de constater l'acuité d'opposition des systèmes. Tout en rendant justice au mérite de Talabot comme ingénieur, ils disaient : « C'est un bourreau d'argent. » De son côté, mon ami Talabot me disait : « Le « chemin de Saint-Étienne à Lyon est excellent, « à condition qu'on le refasse en entier. »

« Par suite des péripéties ultérieures, il a été donné à Talabot non-seulement d'assister à cette transformation, qu'il jugeait indispensable, mais de l'opérer lui-même. Le chemin de Lyon à Saint-Étienne, fusionné avec le groupe Rhône et Loire, est passé dans la *concession* du Bourbonnais,

tait de modérer les vitesses en cas de péril trop évident. Aujourd'hui, les États-Unis et le Canada ont ensemble plus de 193,000 kilomètres de voies ferrées.

qui s'est fondue plus tard dans le grand réseau Paris-Lyon-Méditerranée, et ce chemin a été refait en entier par Talabot. »

L'expérience lui a donné pleinement raison. La ligne d'Alais à Beaucaire offre le premier exemple français d'un chemin de fer établi sur un type qui, depuis, n'a plus varié. L'exécution si parfaite et si rapide de ce chemin, où viaducs et tunnels se succèdent incessamment dans une partie notable du parcours, fait d'autant plus d'honneur à Talabot et à son collaborateur, qu'au début surtout ils étaient à peine secondés. « Tout était à créer, et pour les travaux proprement dits, et pour les affaires administratives. Il n'y avait pas non plus en France de personnel auxiliaire ayant l'expérience des ouvrages de ce genre. Talabot et Didion commencèrent les études et les travaux de cette ligne avec trois conducteurs des ponts et chaussées venant du canal du Berry, quelques agents du cadastre, et sept ou huit élèves sortant de l'École centrale, où il n'existait pas encore de cours de construction des chemins de fer [1]. »

[1] Notes de M. Dombre. — Comme nous l'avons dit précédemment, l'un de ces conducteurs était Bourdaloue, qui monta rapidement en grade, et fut d'un grand secours à Talabot dans ses entreprises ultérieures. Il était surtout incomparable dans les opérations de nivellement. Bourdaloue avait pour principal commis sa femme, qui le suivait partout et le secondait avec autant de zèle que d'intelligence. Les habitants

Didion, qui avait obtenu de l'État sa mise en congé illimité pour se consacrer tout entier à cette entreprise, se chargea des travaux de construction. Talabot s'occupa plus particulièrement des détails techniques, tels que voie, matériel, machines, exploitation, etc. Comme il l'avait prévu de longue main, quand il réservait du temps chaque jour pour étudier à fond la langue anglaise, il dut faire plusieurs voyages en Angleterre pour se tenir au courant des progrès qui s'accomplissaient chaque jour dans les conditions de la construction et l'emploi du matériel roulant. A cette époque, toutes les préventions anglaises contre les chemins de fer avaient disparu. Les propriétaires qui en avaient combattu l'établissement avec le plus d'énergie n'étaient pas les moins empressés de les voir achevés ; ceux qui étaient venus à bout autrefois de faire changer les tracés primitifs, afin de les détourner de leurs terres, pétitionnaient pour avoir des embranchements. Cette révolution dans les esprits s'était opérée pendant la construction du chemin de Londres à Birmingham, par Robert Stephenson, fils de Georges. Celui-ci, malgré son activité juvénile, suffisait à peine à l'établissement des lignes nouvelles qu'on lui demandait de toutes

de Bourges, compatriotes de cet habile ingénieur, lui ont élevé une statue parts. Dans l'espace de deux ans (1838-40), plus de 800 kilomètres de chemins de fer, construits par lui, furent livrés à la circulation.

Cordialement accueilli par les Stephenson, Paulin Talabot se lia d'une étroite amitié avec Robert, qui prit tout d'abord un vif intérêt à ses travaux. Pendant la construction du chemin d'Alais, Robert Stephenson vint plusieurs fois à Marseille avec son yacht, et alla voir Talabot et Didion à Nîmes. Il les aida à installer les ateliers de réparation de leur matériel roulant, leur fournit des machines, des mécaniciens, des chauffeurs. Nous retrouverons, vers la même époque, R. Stephenson et Talabot étudiant ensemble un projet de canal d'Alexandrie à Suez [1].

« Le chemin d'Alais, qui donna à Paulin Talabot des droits sérieux au titre de créateur de l'industrie des chemins de fer en France, a été construit dans d'excellentes conditions d'économie. Les types des ouvrages sont très-simples,

[1] Georges Stephenson avait pris aussi Paulin Talabot en grande amitié, et lui fit une visite en septembre 1845. Stephenson se rendait alors en Espagne, pour donner son avis sur le chemin de fer projeté de la baie de Biscaye à Madrid. Après avoir visité les travaux de la ligne d'Orléans à Tours, il se rendit à Nîmes, en passant par le Puy. La beauté véritablement exceptionnelle de cette région, que George Sand a si admirablement décrite, avait fait sur Stephenson une impression telle, que Talabot eut de la peine à ramener son attention sur des objets plus prosaïques.

bien que présentant toutes les conditions de solidité désirables, et il est à regretter que ces types n'aient pas toujours été adoptés sur les lignes secondaires du réseau français, ce qui eût évité bien des mécomptes dans les dépenses d'établissement. » (Notes de M. Dombre.)

La première section du chemin de fer d'Alais, celle de Nîmes à Beaucaire, fut livrée à la circulation le 15 juillet 1839, pour l'ouverture de la foire de Beaucaire. « Cette inauguration, dit le *Moniteur*, vient d'être faite aux applaudissements d'une foule innombrable, et sans qu'aucun accident ait troublé cette véritable fête. Un convoi de dix-huit voitures, où étaient commodément placées cinq cents personnes, dirigé par MM. les ingénieurs Talabot et Didion, a fait le trajet (24,400 mètres) en trente-six minutes, et quarante au retour. Voyageurs et spectateurs ont été dans l'enthousiasme, etc. » (*Moniteur* du 22 juillet.) L'ouverture de la seconde section (Nîmes-Alais) n'eut lieu qu'au mois d'août 1840. Elle avait été retardée par une série de crues du Gardon, qui avaient empêché l'achèvement du principal ouvrage de cette section, le pont de Ners, et faillit même l'emporter pendant l'hiver. Enfin la section d'Alais à la Grand'Combe fut livrée à la circulation en 1841.

« Cette grande entreprise (la Grand'Combe) a

subi de cruelles épreuves, notamment par le contre-coup des événements de 1848. Mais jamais elles n'ont déterminé le moindre sentiment de défaillance de la part des collaborateurs de Paulin Talabot, dont plusieurs y avaient cependant engagé la totalité de leur fortune. Cette confiance persistante leur fait honneur, ainsi qu'à lui.

« Confiée successivement aux mains habiles d'Eugène Callon, de François Beau et de M. Graffin, son directeur actuel, la Grand'Combe offre depuis plus de quarante ans l'admirable spectacle de la transformation d'un désert aride et sauvage en une ville importante, où règnent le travail, l'activité et l'abondance. »

L'établissement de cette ligne a aussi une grande importance, au point de vue administratif, dans l'historique des chemins de fer français. Il s'agissait, dit M. Noblemaire, de faire en grand l'une des premières applications de la loi encore récente du 7 juillet 1833, sur les expropriations... La jurisprudence s'établit, grâce au concours d'un jurisconsulte que le barreau de Nîmes s'honore de compter encore dans ses rangs, M. Fargeon, jeune avocat alors, et intimement associé à la vie, aux joies et aux préoccupations des deux amis. (*Op. cit.*, p. 14.)

VII

Séparation de Talabot et de Didion. — Concession de la ligne d'Avignon-Marseille. — Le pont de Tarascon. — Détails de la construction de cette œuvre. — Sa solidité inébranlable dans la grande crue du Rhône (1856).

La collaboration de Talabot et de Didion ne s'était pas bornée à l'exécution du chemin d'Alais. De 1838 à 1840, ils menèrent de front avec ce travail les études de la ligne d'Avignon à Marseille par la vallée du Rhône, et rédigèrent en commun un mémoire à l'appui de ce tracé, qui l'emporta sur celui de la vallée de la Durance, après une lutte des plus vives entre Marseille et Aix, le passé et l'avenir! Ce chemin de fer, première section de la ligne Marseille-Lyon-Paris, devait être relié à ceux du Gard par la traversée du Rhône, à la hauteur de Tarascon.

Ici finissent les travaux communs des deux amis. « Tandis que Didion, rentré au service de l'État, construit pour lui le chemin de Nîmes à Montpellier, Talabot poursuit, à travers des difficultés de plus d'un genre, la grande entreprise qu'il a conçue. A Beaucaire-Alais, succèdent Avignon-Marseille, concédé en 1843, puis Avignon-Lyon, concédé en 1845 [1]. Conception de l'idée, organisation financière, étude et construction des lignes, tout lui appartient, tout est son œuvre. Les chemins construits à côté de ceux-ci, dans l'Hérault et dans le Gard (Montpellier-Nîmes, Montpellier-Cette), leur sont réunis et forment en 1852 la Compagnie de Lyon à la Méditerranée, qui, transformée, par une fusion dont Talabot est encore le promoteur, avec les chemins de Paris-Lyon, de Dijon à la frontière suisse, de Lyon à Genève et du Bourbonnais, deviendra en 1857 le réseau Paris-Lyon-Méditerranée. » (NOBLEMAIRE, *op. cit.*)

Telle est, résumée en quelques lignes, la grande œuvre que nous reprendrons en détail dans le cours de ce travail. Mais, avant d'étudier dans Talabot le puissant organisateur, l'habile financier, nous devons rappeler les deux ouvrages capitaux par lesquels il affirma sa capacité comme ingénieur.

Après bien des tergiversations et des péripéties, qui se relient à la période rudimentaire des voies ferrées (v. ci-après, § 15 et suiv.), la ligne d'Avignon à Marseille avait été concédée, en

[1] Concession frappée de déchéance dans la crise financière de 1847, mais reprise avec le reste cinq ans plus tard.

1843, à une Compagnie qui en entreprenait la construction à ses frais, moyennant une subvention de 32 millions. « Cette ligne avait le triste privilége de présenter, sur un faible parcours de 122 kilomètres, plus de difficultés accumulées qu'on n'en rencontre d'ordinaire dans un trajet dix fois plus long. Il s'agissait d'entrer dans Avignon, de traverser Beaucaire, Tarascon, Arles, et d'entrer dans Marseille. Il fallait franchir la Durance tout près de son confluent avec le Rhône, le Rhône au point maximum de sa largeur et de sa rapidité, l'Arc près de son embouchure dans la petite mer de Berre.

« De plus, il fallait fonder sur pilotis de 14 à 15 mètres de longueur les piles du viaduc à établir sur le terrain vaseux qu'on rencontre à la sortie d'Arles, et traverser, pour arriver à Marseille, un massif rocheux de près de 5 kilomètres d'épaisseur, travail alors sans précédent. Les difficultés de l'entreprise se compliquaient encore des divergences d'opinion parmi les concessionnaires, sur le mode de construction à adopter. Plusieurs auraient préféré le *système américain* (v. ci-dessus). Au risque de passer plus que jamais pour un *bourreau d'argent,* Talabot n'épargna rien pour donner tout de suite un caractère définitif à cette ligne d'un si grand avenir. Elle a coûté très-cher, plus de 80 millions; mais on n'a pas eu à y faire depuis la moindre réparation, et chacun des ouvrages principaux suffirait à la gloire d'un ingénieur.

« Talabot entreprit la construction de cette ligne avec trois jeunes ingénieurs des ponts et chaussées, nouvellement sortis de l'École, et n'ayant aucune expérience des travaux de chemins de fer. Il se réserva les études des projets les plus importants, et l'exécution des deux ouvrages les plus considérables et les plus difficiles : le pont de Tarascon et le souterrain de la Nerthe.

« Le projet du pont sur le Rhône fut le résultat de ses études personnelles et des expériences nombreuses qu'il fit faire à Nîmes sous ses yeux, sur la résistance de la fonte appliquée en voussoirs; — système qui n'avait pas été encore employé à des arches de grande ouverture, ni à des ponts de chemins de fer.

« Le mémoire rédigé à cette occasion par Talabot offrait un puissant intérêt technique, et justifiait pleinement toutes les dispositions qu'il avait adoptées. Il produisit une vive impression sur le conseil des ponts et chaussées, où les avis étaient fort partagés, et le détermina à approuver ce projet, basé sur un système en dehors des errements suivis jusque-là.

« Les expériences qu'il fit faire à cette occasion, et dont le souvenir demeure classique dans les annales du génie civil, font bien voir à quel point la théorie et la science pure, si dédaignées par la routine, sont indispensables à l'ingénieur digne de ce nom. Il s'agissait notamment de reconnaître l'influence des variations de la température sur les mouvements des pièces de métal. Ces expériences permirent à Talabot et à ses auxiliaires de déterminer les conditions qui régissent l'emploi de la fonte, et les garanties de solidité qu'elle présente, quand on la coule en arcs de grandes dimensions. On remarqua entre autres choses, pour la première fois, que l'action de la température, directement provoquée par les rayons solaires, varie sensiblement, suivant les genres de peinture appliqués sur les pièces de fonte. »

Ce viaduc, long de 600 mètres, se compose de deux culées et de six piles colossales en rivière, supportant sept arches en fonte, de forme circulaire et de 62 mètres d'ouverture. La base des piles est protégée par des enrochements de pierres de taille, dont chacune pèse 6,000 kilogrammes. L'arcature de chacune des arches, composée de voûtes cintrées en fonte, avec 5 mètres de flèche, est formée seulement de trois pièces, pesant chacune 7,000 kilogrammes; de cinq divisions de voussoirs, dont chacune en comprend dix-sept; des entretoises qui relient par-dessus et par-dessous ces cinq divisions; des tympans latéraux qui compensent les déclivités; enfin, d'un grillage recouvrant le tout, et sur lequel est installé le ballast qui supporte les voies. Les parapets, les corniches, sont comme les arches, entièrement en fonte, d'une forme simple, mais élégante [1].

La construction de ce pont gigantesque a duré cinq ans, et coûté 6,500,000 francs (chiffres ronds). Lors des épreuves, douze locomotives lancées à toute vitesse sur deux de front ne déterminèrent pas plus de vibrations sur ce viaduc que le passage d'un train unique sur un ponceau en pierre de taille. Et pourtant on a calculé que quand deux convois, de charge moyenne, se croisent sur ce pont, chaque pile pèse sur la base de sable située au-dessous du massif de béton, du poids de 13,000 tonnes (13 millions de kilogrammes).

Mais cet ouvrage justement célèbre a subi une épreuve plus terrible que toutes les autres, l'assaut du Rhône pendant la grande crue de 1856, où le fleuve monta de 8 mètres en quelques heures. Les principaux fonctionnaires civils et

[1] Le viaduc de Beaucaire est le premier qui ait été construit dans ce système, dit *mixte*, à culées et piles en pierre, avec tabliers de fer ou de fonte. Il en a été établi depuis plusieurs autres sur ce modèle, notamment celui de Perrache, à Lyon, et le viaduc de Newcastle, en Angleterre. (Notes de MM. Fargeon et Dombre.)

militaires du département étaient descendus par l'escalier d'une des piles jusque sur le rebord, pour suivre de près cette lutte. Un témoin oculaire nous a raconté que plusieurs vétérans d'Afrique et de Crimée avaient peine à dissimuler leur émotion dans ce poste avancé, aveuglés qu'ils étaient par le ressaut des vagues, assourdis par ce mugissement infernal, qui ressemblait au bruit de plusieurs centaines de pièces d'artillerie tonnant à la fois sans relâche. Sous leurs yeux un train de bois tout entier fut lancé, broyé contre la pile la plus voisine, et ses débris emportés par le courant comme des brins de paille. Mais pas une pierre des enrochements ne fut ébranlée. Comme les architectes inconnus des Pyramides, le constructeur du pont de Beaucaire a travaillé pour les siècles [1].

[1] A moins que la fureur ou la sottise humaines ne s'en mêlent. En 1870, l'ingénieur en chef eut bien de la peine à empêcher les nouvelles autorités du Gard de faire sauter le pont de Beaucaire. On voulait, à toute force, barrer le passage aux Allemands, qui n'étaient pas encore à Mâcon et n'y vinrent jamais.

VIII

Le tunnel de la Nerthe.

Le tunnel de la Nerthe est une œuvre pour le moins aussi remarquable : sa longueur (4,638 mètres) excédait du double les plus considérables de ce genre, exécutés jusque-là en Angleterre. La fameuse tranchée d'Olive Mount, taillée dans le roc (chemin de Manchester), est à ciel ouvert, et longue à peine de 2,000 mètres. Les tunnels de Liverpool, de Kilsby, etc., n'arrivent pas à 2,500. Cette fois donc, Paulin Talabot surpassa ses maîtres.

« Pour l'exécution de ce souterrain, qui allait être confiée à des agents encore très-peu expérimentés, il rédigea une instruction qui est un modèle de précision et de clarté. Ce souterrain a été ouvert au moyen de vingt-quatre puits, donnant ainsi quarante-huit attaques, et les prescriptions de Talabot au sujet de ces attaques avaient été calculées avec une telle exactitude, que toutes les rencontres s'effectuèrent avec un succès complet et sans déviation appréciable. Il avait indiqué aussi, avec les détails les plus minutieux, les dispositions à suivre pour l'évacuation des déblais, l'exécution des voûtes en maçonnerie aux endroits où la construction présentait quelques difficultés, etc.

« Quand on a vu avec quelles précautions, quel *luxe de solidité* cet ouvrage a été établi, on est profondément surpris, sinon indigné, des allégations sur la possibilité d'un éboulement dans ce tunnel, mises en circulation (à diverses reprises) par des adversaires passionnés, ou de mauvaise foi, à l'appui de demandes de concession de lignes concurrentes. » (Notes de M. Dombre.)

Ce tunnel a coûté 10,200,000 francs. Il a la forme d'une ellipse tronquée, disposition habilement calculée pour que les pieds-droits en s'évasant résistent mieux aux poussées extérieures. Les vingt-quatre puits d'aération sont à 200 mètres l'un de l'autre, et à 10 mètres en dehors de l'axe de la voie. Leur profondeur varie naturellement comme le relief du terrain lui-même. Elle va en augmentant du plan des Pennes et du ravin de la Cloche jusqu'à la crête de la montagne; elle diminue en avançant vers le vallon de la Nerthe et se relève ensuite sur le versant. Le plus profond de ces puits est celui qui porte le numéro 14 (185 mètres).

Le tunnel de la Nerthe est partagé en deux sections à peu près égales par deux rampes en sens inverse, chacune d'un millimètre. Sa hauteur est de 10 mètres, et sa largeur hors d'œuvre, de 8 mètres. Le seuil de la galerie fait arc à revers. Au centre, dans toute la longueur du souterrain, s'étend sous le ballast un aqueduc communiquant, par des embranchements transversaux, avec les puisards qui occupent la partie inférieure des puits d'extraction.

Blotti, pour ainsi dire, dans une dépression de terrain, sorte de lac desséché, au sommet des collines escarpées de l'Estaque, le hameau de la Nerthe, lors du percement du tunnel, ne se composait que de quelques chaumières entourées de maigres cultures, et groupées autour d'une pauvre chapelle; le tout dominé par un rocher portant les restes d'un manoir seigneurial. C'était un de ces refuges des temps de pirateries et de guerres privées, qui ne sont pas rares dans les montagnes de Provence, et périssent maintenant de ce qui jadis les faisait vivre : la difficulté d'accès. Séparé, pour ainsi dire, de la société humaine par des escarpements presque infranchissables, tantôt battu par le mistral, tantôt brûlé du soleil, telle était la situation du hameau de la Nerthe, quand il fut visité et soudain transformé par l'industrie, cette fée de l'âge moderne, plus puissante que celles d'autrefois.

« Ce fut, pour ces hommes à demi sauvages, un spectacle inouï que celui de cette invasion de gens inconnus, apportant du bois, du fer, des machines de toutes sortes, dressant leurs tentes au milieu de ce désert. Vainement on disait aux indigènes que le but était de percer une route à travers la montagne, ils ne voulaient pas le croire; les plus malins croyaient à la recherche d'un trésor, et riaient d'avance des déceptions des explorateurs... Pendant longtemps on les vit sur la défensive, refusant de vendre leurs denrées, et de donner des renseignements. Mais peu à peu, frappés de la persistance des travaux, stupéfaits de voir s'élever comme par enchantement des constructions pour les travailleurs, ils se rapprochèrent d'eux : l'incrédulité fit place au désir du gain, et bientôt l'œuvre n'eut pas d'auxiliaires plus empressés. »

Dans ces dernières années, on a construit plusieurs souterrains plus longs que celui-là, notamment ceux de Modane à Bardonnèche, dit improprement du *Mont-Cenis* (12,230 mètres), et du Saint-Gothard (14,900 mètres). Mais le percement de celui de la Nerthe, exécuté plus de trente ans auparavant, avec des appareils de perforation rudimentaires et des ouvriers inexpérimentés, offre, à un plus haut degré, le mérite de la difficulté vaincue, et reste un événement mémorable dans l'histoire des chemins de fer [1].

[1] On s'est servi avec succès, dans le percement des grands tunnels des Alpes, des machines à air comprimé, qui résolvaient en même temps le problème de l'aérage dans les endroits où ces galeries étaient creusées à une trop grande profondeur pour qu'il fût possible de recourir à l'ancien procédé des puits. (V. GUILLEMIN, *les Chemins de fer*, p. 76 et suiv.)

IX

Projet de canal d'Alexandrie à Suez (1847). — Longue hésitation entre ce projet et le tracé direct. — Intérêt persistant de ce projet et du *Mémoire* à l'appui, publié par Talabot en 1855.

Avant d'aborder l'histoire de la formation du réseau Paris-Lyon-Méditerranée, nous devons mentionner un travail considérable et d'un tout autre genre : le projet de communication de la Méditerranée avec la mer Rouge au moyen d'un canal *partant d'Alexandrie,* projet élaboré par Talabot dès 1847, et qui faillit obtenir la préférence. Pour cette entreprise de jonction des deux mers, l'une des maîtresses œuvres de ce siècle, la lutte était engagée exclusivement entre *Français,* et c'est encore un grand honneur pour Talabot d'avoir disputé la victoire à un adversaire tel que M. de Lesseps.

Bien que le premier firman de concession autorisant celui-ci à former une *Compagnie universelle du canal de Suez,* remontât au

30 novembre 1854, le débat n'était rien moins que clos à cette date; on peut même dire qu'il ne faisait que commencer. Non-seulement le tracé n'était pas déterminé, mais beaucoup de gens, — à commencer par le vice-roi, signataire de la concession, — croyaient que ce canal ne se ferait jamais. Outre les difficultés financières, l'entreprise rencontrait un obstacle politique qui aurait fait reculer tout autre que le *grand Français* : l'opposition sourde du gouvernement britannique, « mécontent de voir s'ouvrir, vers les Indes, une route directe dont il n'était pas sûr de posséder un jour la clef ». Il a bien su se la procurer depuis 1870, et réparer la « grande faute d'incrédulité » que, de l'aveu d'un de ses chefs (sir H. Northcote), il avait commise au début.

Rien n'était donc commencé ni décidé dans les premiers mois de 1855, quand Talabot publia, dans la *Revue des Deux Mondes* (nº du 1er mai), son mémoire intitulé : *Le Canal des deux mers, d'Alexandrie à Suez; moyens d'exécution* [1]. Il ne se bornait pas à faire valoir le mérite spécial de son projet. Prenant la question de plus haut, il réfutait les objections générales que présentaient

[1] Il était, depuis plusieurs années déjà, en relation avec ce recueil, qui avait publié plusieurs notes écrites, ou tout au moins inspirées par lui, sur d'importantes questions de chemins de fer. (V. ci-après, § 17 et suiv.)

contre *tout* canal maritime ceux qui ne voulaient d'autre communication d'une mer à l'autre qu'un chemin de fer à travers l'isthme.

En résumé, voici quelle était alors la situation. L'opinion publique, en Europe, inclinait vers le canal, mais le désaccord persistait sur la question du tracé. « On se partageait entre le tracé direct de Suez à Peluse, proposé par MM. Linant et Mougel, et le tracé d'Alexandrie à Suez, proposé par M. Talabot. » (*Le Canal de Suez,* par MM. Alexis et Émile BARRAULT, *Revue des Deux Mondes,* 1er janvier 1856.)

C'est donc à tort que, dans plusieurs ouvrages publiés ultérieurement, on a fait figurer le projet Talabot parmi ceux qui ont été « reconnus insuffisants et éliminés avant la concession de 1854 ». L'issue du débat paraissait encore si incertaine plus d'un an après cette concession, que les frères Barrault croyaient pouvoir le terminer à la façon du troisième larron, dans un apologue bien connu. Ils reproduisaient avec beaucoup de force les objections de Talabot contre le tracé direct; — mais, à son tracé indirect, ils en substituaient un autre beaucoup plus indirect et plus dispendieux. Au lieu de remonter, comme le projet Talabot, au sommet du triangle formé par le Delta, le leur suivait la base de ce triangle. En d'autres termes, il côtoyait le littoral à partir d'Alexandrie jusqu'à Damiette, puis se dirigeait sur Suez, à travers le désert et le lac Menzaleh, et n'arrivait à la mer Rouge qu'après un parcours de plus de 500 kilomètres. Au moment où leur travail paraissait en France, la question venait d'être tranchée définitivement en faveur du tracé direct par la commission internationale, réunie depuis le 30 octobre. Elle avait fait, toutefois, diverses modifications au projet qui lui était soumis, et tenu compte, comme on le verra tout à l'heure, des observations de Talabot, sur plusieurs points essentiels.

Malgré cet insuccès, celui-ci ne croyait pas avoir perdu son temps en Égypte. Il avait eu, en effet, le mérite de la première initiative sérieuse, pratique ; reconnu le terrain plus exactement qu'il ne l'avait jamais été, et fourni un point de départ certain pour tous les travaux ultérieurs, en rectifiant les erreurs capitales de nivellement, commises en 1799. Enfin, il pensait que son projet n'avait perdu que l'avantage de la priorité ; qu'on l'exécuterait aussi tôt ou tard, parce qu'il satisfaisait, dans une juste mesure, à des droits acquis, à des intérêts locaux importants, laissés de côté par le tracé direct.

Comme on le verra tout à l'heure, ce pressentiment semble devoir se vérifier.

X

Analyse de ce Mémoire. — Description, nature, formation de l'isthme. — Formation du Delta. — Régime du Nil. — Niveaux relatifs du Nil et des deux mers; rectification des erreurs de nivellement commises par les ingénieurs français en 1799. — Historique des tentatives faites pour canaliser l'isthme. — Vestiges de l'ancien canal. — Projets modernes antérieurs à 1847.

Dans les premières pages de son Mémoire, Talabot résume les antécédents de la question, d'après les textes originaux d'Hérodote, d'Aristote, de Diodore, de Strabon (le plus explicite sur le tracé de la canalisation primitive), de Pline, de Plutarque, les auteurs arabes, les traditions locales et les restes encore existants des anciens travaux.

1° *Description de l'isthme.* Pour mettre la mer Rouge en communication avec le bassin du Nil, il suffisait de couper les deux seuils, hauts seulement de 3 à 5 mètres, placés, l'un près de Suez, au sud du bassin des Lacs Amers; l'autre près des ruines de Sérapéum. *Si l'on préferait établir la communication directe avec la Méditerranée,* il faudrait de plus couper (comme on l'a fait) le col d'El-Ferdan, haut seulement de 18 mètres, entre les lacs Timseh et Menzaleh. Dans l'un et l'autre cas, les obstacles sont insignifiants.

2° *Nature et formation de l'isthme.* Talabot discute et réfute l'opinion de Danville, qui a si longtemps fait autorité dans le monde savant ; — opinion suivant laquelle le seuil de Suez se serait formé par des dépôts successifs, et à une époque relativement moderne. Il est constaté aujourd'hui que ce seuil est une formation tertiaire, analogue aux terrains à gypse qu'on rencontre sur divers points de la Méditerranée. Par conséquent, son émersion est antérieure de plusieurs milliers d'années aux temps historiques, et les plus anciens documents se rapportent à la situation actuelle.

3° *Formation du Delta.* L'exhaussement du sol est évalué, en moyenne, pour tout le Delta, à 6 centimètres par siècle. L'avancement dans la mer a beaucoup varié, suivant les lieux, mais en général les rives ont peu changé depuis les temps historiques, par suite de l'influence du courant littoral.

4° *Régime du Nil.* La hauteur des crues, mesurée à l'échelle du *méqyas* (nilomètre) du Caire, varie entre 5 et 9 mètres. Quand la crue reste au-dessus de $5^m,40$ ou dépasse 8 mètres, il y a famine. Ces limites de crues, favorables ou nuisibles, n'ont guère varié depuis le temps d'Hérodote. Ce fleuve débite en moyenne, par seconde, dix fois plus d'eau que la Seine, à peu près le double du Rhône, huit fois moins que le Missisipi, cinquante fois moins que l'Amazone.

5° *Niveaux relatifs du Nil et des deux mers.* Ici Talabot signale, pour la première fois, les deux erreurs capitales commises dans leurs opérations de nivellement par les ingénieurs de l'expédition française d'Égypte (1799). Suivant eux, le niveau des basses eaux du Nil au Caire ne dépassait pas 5^{m},11, et celui de la mer Rouge aurait été plus élevé, en moyenne, de 8^{m},46 que celui de la Méditerranée. Le nivellement, dit *Bourdaloue*, exécuté en 1847 sous la direction de Talabot, et plusieurs fois contrôlé depuis, a, au contraire, constaté :

1° Que la différence de niveau des basses eaux du Nil au Caire, avec celui de la Méditerranée, était, en réalité, non de 5^{m},11, *mais de* 13^{m},27 ;

2° Que le niveau de basse mer était à peu près le même de part et d'autre, et la mer moyenne plus élevée de 0,80 dans la mer Rouge que dans la Méditerranée, à cause de l'amplitude au moins trois fois plus considérable de la marée.

« Les opérations de 1799 avaient donc eu ces deux résultats, également erronés, de relever le niveau de la mer Rouge de près de 8 mètres, en même temps qu'elles abaissaient le niveau du Nil au Caire de même quantité; c'est-à-dire que le niveau des basses eaux du Nil à cette place, qui est, en réalité, de plus de 13 mètres *au-dessus* du niveau des basses mers, aurait été d'environ 2 mètres au-dessous de ce niveau. On comprend la portée d'erreurs aussi graves, et l'on ne sera pas surpris qu'elles aient eu pour conséquence d'obscurcir l'histoire de l'isthme, et de donner naissance à des projets impraticables. »

Il faut dire, à la décharge des ingénieurs français, qu'ils travaillaient dans les conditions les plus difficiles, sans cesse harcelés par les Arabes, qui les prenaient pour des chercheurs de trésors. Malgré les précautions prises par Bonaparte pour leur sûreté, ils coururent plus d'une fois de sérieux dangers [1].

6° *Historique des tentatives faites pour canaliser l'isthme.* Commencé avant la conquête persane et terminé par Darius Ier, le plus ancien canal de jonction se détachait de la branche *Pélusiaque,* alors l'une des principales; — un peu en amont de Bubaste, se dirigeait de l'ouest à l'est jusqu'au lac Timsah, puis, tournant au midi,

[1] On connaît le commandement facétieux des officiers français dans la bataille des Pyramides : *Les ânes et les savants au milieu des carrés!* Quand les savants mettaient pied à terre, les soldats appelaient leurs montures des *demi-savants.*

traversait le bassin des Lacs Amers, pour aller déboucher à l'extrémité nord de la mer Rouge. Obstruée, faute d'entretien, lors du rétablissement éphémère de l'indépendance égyptienne (405-340 avant Jésus-Christ) [1], cette communication fut rétablie par Ptolémée II (Philadelphe), et perfectionnée par la construction d'un *Euripe*, sorte d'écluse rudimentaire, qui permettait, dit Strabon, de passer facilement du canal dans la mer, et réciproquement. Cette écluse avait encore le grand avantage d'empêcher l'action des marées sur les berges; aussi les constructeurs du canal actuel avaient d'abord songé à établir un ouvrage du même genre, et il est peut-être regrettable que cette idée ait été abandonnée.

Selon toute apparence, la communication entre les deux mers par le canal dérivé du Nil avait été négligée sous les derniers Ptolémée, et n'était accessible aux navires exigeant un grand tirant d'eau que dans le temps des crues, puisque Cléopâtre, après la bataille d'Actium, fut réduite à essayer de faire transporter sa flotte par-dessus l'isthme, tentative à laquelle les attaques des

[1] Peut-être avec intention, pour mieux se défendre d'une invasion nouvelle. D'après la tradition rapportée par Hérodote, cette même considération avait empêché l'achèvement du canal sous les anciens rois, un oracle ayant annoncé à l'un d'eux *qu'il travaillait pour les barbares*.

Arabes l'obligèrent de renoncer. Il ne lui restait plus d'autre ressource que de séduire le vainqueur, « tentative qui aurait pu changer le sort du monde, a dit Pascal, si Cléopâtre avait eu le nez plus court ». Comme l'a fort justement remarqué Talabot, cette entreprise dans l'isthme eut lieu vers la fin d'octobre ou le commencement de novembre, c'est-à-dire à une époque où les eaux du Nil étaient en pleine décroissance [1].

Pendant la domination romaine, de l'an 120 à 130, Trajan (ou plutôt son successeur Adrien) fit creuser une section de canal, partant de la Babylone d'Égypte (le Caire), pour aller rejoindre l'ancien canal à Phelbatis (auj. Belbeïs, *Phelbe* en copte) : — « ce qui prouve bien, dit Talabot, qu'au delà de ce point l'ancien canal était praticable, mais qu'il était devenu nécessaire de reporter la prise d'eau du Nil au-dessus de la bifurcation, sans doute à cause de l'encombre-

[1] L'état d'abandon de ce canal s'explique naturellement par l'établissement d'une autre voie de transit pour les marchandises de l'Arabie et de l'Inde, dont la création remontait aussi à Ptolémée Philadelphe, par les ports de Bérénice et de Myoshormos, sur la mer Rouge, d'où les marchandises étaient dirigées vers *Coptos* ou *Koupti* (auj. *Kobt*), sur le haut Nil. Cette communication n'avait pas tardé à prendre une importance plus grande que le canal, et demeura la plus fréquentée pendant la période de la domination romaine et byzantine. Le trajet se faisait en dix étapes, dont on trouve l'indication dans l'*Itinéraire* d'Antonin.

ment de la branche pélusiaque. » Obstrué de nouveau faute d'entretien, ou avec intention, à l'époque de la domination byzantine, le canal fut rétabli lors de la conquête musulmane par le célèbre Amrou; tous les auteurs arabes sont d'accord sur ce point. La communication entre les deux mers resta ouverte jusqu'au règne du calife Abasside Aboudjafar-al-Mansour (762), qui fit combler par précaution (ou, suivant une autre version, laissa s'obstruer par négligence) la section comprise entre le lac Timsah et la mer Rouge.

« Quelques auteurs arabes prétendent qu'Amrou avait formé le projet de joindre les deux mers par une communication directe à travers l'isthme, et qu'Omar s'y opposa dans la crainte d'ouvrir aux vaisseaux chrétiens l'accès de l'Arabie. Cette assertion prouve que les Arabes savaient à quoi s'en tenir sur les niveaux relatifs...; d'autre part, c'est la première fois qu'on voit apparaître l'idée de la coupure directe... » Cette coupure n'aurait eu aucun intérêt au point de vue commercial, ni sous les Pharaons, ni sous la dynastie perse, ni même sous les Ptolémée. Elle aurait été, de plus, contraire à leur sûreté; « bien loin de l'ouvrir, ils l'auraient certainement fermée, si elle avait existé ».

7° *Vestiges de l'ancien canal.* L'examen de ces

vestiges prouve que « ce canal, principalement établi en vue d'une navigation antérieure, ne pouvait recevoir que des navires maritimes d'un très-faible échantillon »... La question de la communication des deux mers par un canal disposé pour une grande navigation maritime n'a donc été ni résolue, ni même posée dans les temps anciens.

8° *Projets modernes* (antérieurs à 1847). Ces projets, reposant tous sur les nivellements erronés de 1799, n'ont qu'un intérêt de pure curiosité. Les principaux sont ceux de Lepère, ingénieur, membre de l'Institut d'Égypte, et de Linant de Bellefonds (Linant-Bey), le futur collaborateur de M. de Lesseps. Lepère proposait un canal de navigation intérieure, divisé en deux branches distinctes, et reliées par le Nil; l'une d'Alexandrie au fleuve (aujourd'hui canal Mahmoudié), l'autre du Nil à la mer Rouge, par l'Ouady Toumilat [1] et les lacs Amers, reproduction de l'ancien canal. Mais Lepère ajoutait qu'il serait possible, et même facile, d'établir en outre une communication directe entre les deux mers par un canal *à écluses* (à cause de la différence supposée des niveaux des deux mers); — « *canal indépendant de celui de l'intérieur* », dont l'objet spécial était de rat-

[1] C'est l'ancienne vallée ou terre de Gessen de la Bible.

tacher tout le commerce de l'Égypte à un centre commun.

Ainsi, dès cette époque, on avait l'idée qu'il pourrait être utile *d'avoir deux canaux.*

Parmi les projets de Linant, antérieurs à 1847, le plus remarquable est celui de la communication directe, dont il avait emprunté l'idée à Lepère. Ce projet, prototype de celui qui a été exécuté, était convenablement disposé d'après les niveaux attribués alors aux deux mers, et, par conséquent, a dû être remanié depuis de fond en comble.

XI

Études faites en 1847 par Talabot ; opérations de nivellement.

9° *Études de* 1847. Ici commence la partie personnelle et la plus intéressante du Mémoire de Talabot.

« Les projets précédemment indiqués étaient restés dans le domaine des spéculations théoriques, et rien n'annonçait qu'ils dussent en sortir de longtemps, lorsqu'en 1846, sur l'initiative de M. Enfantin, qui, depuis bien des années, n'avait cessé d'appeler par tous les moyens l'attention publique sur cette grande question, une Société se forma dans l'intention de réunir enfin, par des études rigoureuses et complètes, les éléments d'une solution... Cette œuvre, touchant plus ou moins aux intérêts de toutes les nations civilisées, ne pouvait être exécutée par l'entremise ou au profit de l'une d'entre elles. De là la nécessité du concours et de l'entente préalable des peuples qui jouent le premier rôle dans le commerce du monde. Pour réaliser ce concours, Enfantin et ses amis avaient réuni en Société des éléments pris dans les trois nations les plus commerçantes de l'Europe. Elle fut donc composée de trois groupes, français, anglais et allemand... Trois de ses membres, Robert Stephenson, Negrelli, Paulin Talabot, furent chargés de la direction des études et se partagèrent le travail. Stephenson et Negrelli se chargèrent des opérations à exécuter dans la mer Rouge et dans la Méditerranée ; l'ingénieur français, de celles qui concernent l'isthme...

« Je m'occupai immédiatement de réunir le personnel et de préparer les instructions accessoires... Le défaut de vérification des opérations de 1799, les circonstances dans lesquelles elles avaient été exécutées, étaient de nature à m'inspirer des doutes... L'énorme dénivellation qu'elles établissaient entre les deux mers sur une distance d'à peine 140 kilomètres était tout à fait inexplicable ; aussi était-elle restée inexpliquée. L'illustre Laplace l'avait toujours niée comme impossible. Cependant, en présence de résultats positifs, affirmés par des hommes d'un mérite éminent..., j'ai dû admettre qu'il existait une différence notable de niveau ; que les seules questions à éclaircir étaient la quotité exacte de cette différence et la disposition géométrique du sol de l'isthme qui les sépare.

« C'est d'après ces considérations que furent préparées les instructions de la brigade française.

Elle fut mise sous la direction de M. Bourdaloue, qui, en matière de nivellement, jouit d'une autorité incontestée. Elle se composait d'un géomètre triangulateur, d'un chef des nivellements et de huit opérateurs exercés. Cette brigade, munie d'excellents instruments, exécutés ou choisis pour la circonstance, arriva au Caire le 17 septembre 1847. Grâce au concours bienveillant de M. Linant, directeur général des ponts et chaussées, en Égypte, l'expédition fut très-bien accueillie par le vice-roi (c'était encore Méhémet-Ali). Il voulut bien se charger de pourvoir, à ses frais, à la subsistance de la brigade pendant toute la durée de ses opérations dans le désert. Son Altesse, en accordant une escorte de soixante soldats, dix Bédouins des tribus du désert, soixante chameaux, vingt dromadaires, trente-deux tentes, etc., voulut bien autoriser M. Linant de Bellefonds, directeur général des ponts et chaussées en Égypte, et quatre élèves ingénieurs égyptiens, à s'adjoindre aux travaux... La brigade fut partagée en deux divisions : l'une commença à opérer le 25 septembre à partir du Caire, et en se dirigeant vers l'Ouady-Toumilat; l'autre se mettait en route pour le centre de l'isthme, et arrivait près du lac Timsah le 8 octobre. Les opérations de l'isthme se continuèrent pendant les mois d'octobre, de novembre, et jusqu'au 10 décembre; et une dernière vérification se prolongea jusqu'au 6 janvier. »

La manière dont ce nivellement fut conduit peut être proposée comme type dans les circonstances d'un intérêt exceptionnel. « Chaque division d'opérateurs était partagée en deux sections: l'une, chargée de la triangulation et des opérations géométriques; l'autre, des nivellements en long et en travers. La première section marchait en avant de la deuxième, qui rattachait ses opérations aux points géométriques établis par les triangulateurs... Jamais on n'opérait sans s'assurer que l'instrument était en bon état, et chaque opérateur faisait constamment tous les renversements de lunette, toutes les répétitions et toutes les observations doubles nécessaires, pour assurer l'exactitude de l'observation, et pour corriger les erreurs provenant des imperfections inévitables dans le règlement des instruments. Chaque ligne de nivellement était suivie en même temps par deux opérateurs, agissant séparément, et qui s'arrangeaient pour comparer les cotes de distance en distance. De cette manière, chaque section a toujours marché en se vérifiant elle-même... »

Ce fut bien cette fois, ou jamais, que les Arabes crurent avoir affaire à des magiciens de première force, et l'escorte du khédive ne fut sans doute pas inutile!

Nous avons déjà indiqué le résultat de ce

travail, mené « avec un si grand luxe de précautions et de vérifications par des opérateurs expérimentés ». « Désormais le fait était mis hors de doute que, sauf les inégalités causées par les marées et surélevant en moyenne le niveau du golfe de Suez, les eaux n'offraient qu'une faible différence dans les deux mers, et que la cote du zéro du méqyas du Caire était, en réalité, de 13^{m},27 au lieu de 5^{m},29 seulement. On chercha d'abord à contester ces résultats par des considérations théoriques, mais les opérations du « nivellement Bourdaloue » furent contrôlées encore en 1853, en 1855, enfin en 1856, après l'adoption définitive du tracé direct, et chaque fois le résultat fut presque identique. » (É. Reclus.)

« Il semblait, ajoute cet écrivain, qu'après la démonstration de ce fait si important de géographie physique, il ne restât qu'à procéder au creusement du canal direct », et il paraît surpris que Talabot, l'auteur de cette démonstration, ait immédiatement proposé un tracé indirect. Le savant auteur de la *Géographie universelle,* qui embrasse tant de choses, n'a pas suffisamment étreint celle-là. Il aurait vu que cette différence minime de niveau était précisément l'une des raisons les plus fortes, — les plus spécieuses, si l'on veut, — qui pût être opposée au projet de canal direct.

XII

Examen des divers projets de canalisation. Tracé de Talabot, canal à deux branches, partant, l'une, d'Alexandrie ; l'autre, de Suez, et se raccordant en amont du barrage du Nil, qu'on franchirait, au besoin, sur un pont-canal. — Critique du projet de canal direct.

10° *Examen des divers projets de canalisation.* — La traversée du Nil étant la difficulté capitale des tracés par Alexandrie (tracés indirects), Talabot éliminait *à priori* tout tracé par le centre et à plus forte raison par la base du triangle qui forme le Delta ; ayant, par conséquent, à franchir les diverses branches du fleuve et les canaux d'irrigations. « Il y a d'ailleurs, ajoutait-il, des raisons qui touchent aux intérêts politiques et matériels de l'Égypte, et dont il est impossible de faire abstraction, pour rapprocher le tracé du Caire. » En conséquence, il proposait un canal d'Alexandrie à Suez, en deux branches, d'ensemble 392 kilomètres, se raccordant au sommet du triangle, au-dessous du Caire, et en amont du fameux barrage dont Méhémet-Ali avait posé la première pierre en 1847, l'année même où Talabot était venu en Égypte. On sait que cet ouvrage gigantesque a été construit au point du Delta où le Nil se bifurque ; emplacement désigné par Bonaparte. « Formé de deux ponts ayant ensemble 134 arches, et deux kilomètres de longueur, y compris la chaussée qui le relie, il se dresse en travers du fleuve, à une vingtaine de kilomètres en aval de Boulak. De ce grand faubourg industriel du Caire on aperçoit les tours crénelées de Saadieh, *le fort du barrage,* qui commande les deux branches du Nil et les deux principales voies ferrées de la Basse-Égypte. » D'après les calculs de son auteur, l'ingénieur Mougel-Bey, cet ouvrage, s'il avait été complété, aurait donné en amont, dans les plus basses eaux, un tirant d'eau de $6^{m},60$, et de $8^{m},80$ dans les hautes eaux. Il aurait suffi, dans ce cas, d'élever un peu le niveau de la retenue, pour assurer au moins, pendant onze mois, au point de passage un tirant d'eau supérieur à 8 mètres, profondeur que Talabot jugeait avec raison indispensable pour tout canal de jonction des deux mers. On aurait pu, dans ce cas, éviter la construction dispendieuse et difficile d'un pont-canal, et Talabot, dans son Mémoire de 1855, affectait encore de conserver cette espérance. Mais il connaissait trop bien l'état des choses pour se faire illusion ; il savait que le barrage était et resterait longtemps inachevé[1]. Aussi, il s'empressait d'ajouter qu'au pis aller, l'exécution du pont-canal ne dépasserait en rien les ressources actuelles de l'art; que l'emploi du fer permettait aujourd'hui de franchir les grands cours d'eau par des arches à grande ouverture, et, par conséquent, au moyen d'un petit nombre de piles (comme lui-même l'avait bien prouvé en construisant le pont de Beaucaire). Il s'agissait cette fois, il est vrai, d'un pont-canal long d'un kilomètre, supportant la charge d'une profondeur d'eau de 8 mètres, à la hauteur de 18 mètres au-dessus des basses eaux. Sur cette cime, aurait passé la navigation du monde! « Pourtant, la difficulté la plus grave serait encore l'alimentation du bief de partage; il faudrait remonter la prise d'eau de la rigole d'alimentation à 350 kilomètres dans la vallée du Nil. » La perspective de ce travail n'effrayait aucunement Talabot. « Si la possibilité d'un passage à niveau dans le fleuve, disait-il, laisse des incertitudes, l'exécution d'un pont-canal n'en présente aucune. *C'est une question de dépense,* et par ce procédé la solution est assurée. »

[1] Dans son état actuel d'imperfection et de dégradation, le barrage ne sert plus qu'à relever tous les ans de deux mètres le plan d'eau du fleuve. Son achèvement et les réparations coûteraient au moins 25 millions.

Il calculait que chacune des branches de son canal exigeait 6 écluses, y compris celle de prise d'eau, soit en tout 12 écluses; plus, en cas de construction d'un pont-canal, 4 écluses sur chaque versant, soit en tout 20 écluses, au maximum. La dépense était évaluée à 162 millions, y compris les travaux à exécuter au débouché dans la mer Rouge, et à 200 millions dans l'hypothèse probable du pont-canal. Mais il ajoutait avec une franchise assez rare chez les rédacteurs de devis : « Ce chiffre fût-il dépassé, il s'agit ici d'un si grand intérêt que, même en mettant de côté les produits directs qu'on peut tirer d'un tarif de navigation, les avantages pour toutes les nations commerçantes du globe seraient encore hors de toute proportion avec les dépenses. »

En regard de ce devis approximatif, Talabot plaçait celui du projet du canal direct sans écluses. Malgré l'avantage considérable de la brièveté du parcours (140,000 mètres au lieu de 392,000 [1]), il calculait que la dépense serait plus forte au moins d'un tiers, à cause des travaux extraordinaires qu'exigerait l'appropriation de la baie de Tineh. Cette évaluation, qu'on supposait exagérée pour le besoin de la cause, a été dépassée de près

[1] La longueur effective du canal direct est de 164,000 mètres, à cause de certaines inflexions de détail que Talabot n'avait pas prévues.

de moitié dans l'exécution du canal. On sait qu'une somme de 472 millions a été dépensée, et les nombreux services par lesquels le gouvernement égyptien a contribué à l'entreprise représentent, en plus, un capital d'une centaine de millions, pour le moins!

Parmi les observations critiques de Talabot, l'une des plus importantes était relative au débouché dans la Méditerranée (baie de Tineh), où l'auteur du projet primitif avait cru pouvoir faire l'économie d'un port d'abri. Talabot démontrait victorieusement que l'établissement d'un port ou plutôt d'une rade d'abri serait, en pareil cas, la première de toutes les nécessités. La commission internationale jugea comme lui « non-seulement qu'une rade d'abri était indispensable, mais qu'il la faudrait bien abritée, à cause des dangers que présentait la côte, et de plus très-étendue ». Talabot n'avait parlé que d'un seul brise-lames pour protéger la rade extérieure; la commission en mit deux, et les plus grands navires peuvent évoluer dans l'avant-port, dont la superficie est d'environ 2 kilomètres carrés.

Cette rade, ce port, dont l'établissement sur la côte de Peluse semblait défier tous les efforts de l'art, existaient naturellement à Alexandrie, l'une des grandes cités commerciales du monde, et la deuxième ville de l'Égypte et de l'Afrique entière par le nombre de ses habitants. Talabot faisait habilement ressortir toutes les considérations qui militaient en faveur d'Alexandrie : antécédents historiques, droits acquis, et ce qu'on a heureusement nommé « les avances de la nature », puisque la rade et le port nécessaires existaient déjà et pouvaient être, à bien moins de frais, appropriés aux besoins de la navigation du canal des deux mers. Tout cela est vrai, et pourtant nous ne saurions regretter qu'Alexandrie ait perdu sa cause, en présence de cette étonnante création de Port-Saïd, merveille coûteuse, mais *française!* « Port-Saïd, quoique sur territoire égyptien, est par ses habitants, son commerce, ses mœurs, une ville d'Europe, ou *plutôt une ville française.* Le français est la langue dominante, celle que l'on parle aux quinze cents écoliers dans les deux établissements rivaux des Capucins et des Francs-Maçons. » Malgré les avantages économiques de l'autre projet, l'immensité des dépenses faites et *encore à faire,* quel Français pourrait donner tort à M. de Lesseps?

Parmi les observations critiques de Talabot, nous en citerons encore une qui fait honneur à sa sagacité. Il prévoyait que le faible écart de niveau entre les deux mers constituerait un embarras des plus graves. Il n'y avait plus à compter sur la ressource du courant pour creuser la passe et la maintenir ainsi que le chenal, comme on aurait pu faire s'il y avait réellement entre la mer Rouge et l'autre la différence d'altitude que les ingénieurs de 1799 avaient cru reconnaître. « On serait réduit, pour le maintien du chenal et de la passe, à la ressource tout à fait insuffisante des dragages mécaniques. » Les prévisions de Talabot étaient fondées. « Cette voie maritime offre des dimensions qui parurent prodigieuses, et que l'on reconnaît maintenant insuffisantes; les bateaux dragueurs travaillent incessamment pour retirer les sables et les boues que le battis du flot contre les rives entraîne sur le fond. Ces dragages sont d'environ 600,000 mètres cubes par an. » (É. RECLUS.)

Talabot ne se trompait donc pas en affirmant que l'exécution de ce projet rencontrerait de graves obstacles. Mais il les qualifiait à tort d'*insurmontables*. Il y avait une force, un courant moral dont il ne tenait pas compte suffisamment; l'énergie juvénile, la puissance invincible de volonté de son illustre concurrent. Pour Ferdinand de Lesseps, le mot *insurmontable* n'est pas français.

XIII

Réfutation des objections contre *tout* projet de canal.

11° *Des objections soulevées contre le projet du canal.* — Après avoir combattu le tracé direct, Talabot réfutait les objections particulières contre son projet, puis les objections générales « qui, en admettant la possibilité du canal des deux mers, tendaient à en mettre l'utilité en question ». Il mentionne trois arguments spéciaux contre son tracé : la difficulté d'alimentation du canal par les eaux limoneuses du Nil; le danger d'encombrement par les sables mouvants; et la perte du temps aux écluses. Il passe sous silence, peut-être à dessein, une objection plus sérieuse, qui contribua beaucoup à faire écarter son projet; les inconvénients d'un canal à double fin, servant à la navigation et à l'irrigation, dont les intérêts sont tout différents et même parfois opposés. Le silence de Talabot semble indiquer qu'il aurait désiré que son canal ne fût employé que le moins possible à l'irrigation.

Mais il servait bien la cause commune en réfutant victorieusement les objections que présentaient alors les partisans exclusifs du chemin de fer contre l'établissement d'une communication maritime ou fluviale *quelconque*. Ils soutenaient que la mer Rouge n'était praticable que pour la navigation à vapeur; et la question avait une importance transitoire très-grande, à une époque où la plupart des navires étaient encore à voiles. Talabot prouvait, par des résultats dès lors acquis, qu'on s'exagérait les périls de cette mer; que les difficultés de la remonte en toute saison, et de la sortie du détroit de Bab-el-Mandeb en hiver, pourraient être sensiblement allégées par l'emploi de remorqueurs à vapeur. Il faisait remarquer que le changement des vents régnants dans la mer Rouge coïncidait de la manière la plus heureuse avec le renversement des moussons dans la mer des Indes...

Passant ensuite de la défensive à l'offensive, il montrait que le système du chemin de fer sans canal entraînerait pour les marchandises deux transbordements, quatre manutentions successives; que cette série d'opérations, exécutées dans les conditions les plus favorables, exigerait encore deux fois plus de temps qu'il n'en faudrait à un navire halé ou remorqué pour passer d'une mer à l'autre. De plus, et c'était là un argument décisif par rapport aux navires voiliers, « ces navires ne pouvant pénétrer dans les mers de l'Inde orientale et de la Chine, ou en sortir qu'à l'aide de la mousson, il en résulterait ceci (avec un chemin de fer sans canal), que les navires partis de ces mers au commencement de la mousson d'été seraient forcés d'attendre à Suez le retour de la mousson d'hiver. Or, pendant ce temps, avec la communication entre les deux mers, ce même navire aurait poursuivi son voyage jusqu'à Londres et serait revenu à Suez avec un chargement de retour; en sorte qu'on pourrait économiser l'emploi du navire supplémentaire que nécessiterait le chemin de fer. »

Cette polémique, si importante alors, n'a plus qu'un intérêt historique. On ne prévoyait guère, en 1855, que la navigation à voiles fût destinée à disparaître si promptement dans ces parages, et que, moins de trente ans plus tard (en 1883), il ne passerait d'une mer à l'autre qu'*un seul voilier* dans l'espace d'une année, tandis que chaque jour dix bateaux à vapeur opéreraient leur transit.

Les adversaires du canal de Suez soutenaient aussi qu'il ne serait pas suffisamment rémunérateur. Talabot leur répondait par des évaluations qui ont été largement dépassées, puisque le mouvement annuel du trafic, estimé en 1855 à environ 2 millions de tonnes, s'est élevé en 1883 à un peu plus de 8 millions, dont 5,775,861 de tonnage net, qui ont rapporté 68,523,545 francs de droits de passage à la Compagnie du canal.

Enfin, Talabot abordait la cause la plus sérieuse des retards apportés à l'entreprise, la défiance orgueilleuse et jalouse du département britannique. « Quoi! disait-il, l'Angleterre fait à elle seule les deux tiers du commerce avec l'Inde et la Chine; elle possède en Asie un empire immense; elle peut réduire d'un tiers les frais de ce commerce, et rapprocher cet empire de moitié de la distance totale, et elle ne le ferait pas! Et pourquoi? Pour empêcher les nations méditerranéennes de faire dans les mers orientales un peu plus de commerce qu'elles n'y en font aujourd'hui! Elle se priverait des avantages immenses qu'elle doit retirer politiquement et commercialement de cette communication nouvelle, par cet unique motif que d'autres nations de l'Europe sont plus favorablement placés qu'elle pour en user, et bien qu'elle ait plus à gagner à cette grande œuvre que toutes les autres nations réunies! »

On ne pouvait mieux faire valoir les considérations qui auraient dû déterminer l'Angleterre à abjurer plus tôt sa « grande faute d'incrédulité ou de méfiance » ; à se départir de l'ancienne tradition politique, suivant laquelle, disait encore Talabot, « les grandes nations européennes se sont toujours beaucoup plus préoccupées du mal qu'elles peuvent faire à leurs voisins, que du bien qu'elles pourraient se faire à elles-mêmes ». Et pourtant la décision se serait fait encore longtemps attendre ; on l'attendrait peut-être encore si cette grande œuvre n'avait eu pour auxiliaires, outre la persévérance de M. de Lesseps, le concours empressé de la nation française, et l'insistance de son gouvernement, auquel le succès de nos armes en Orient, et plus tard en Italie, donnait alors une sérieuse influence dans les conseils de l'Europe[1].

Enfin Talabot abordait une dernière objection : la possibilité d'interruption du service dans le futur canal des deux mers, « par la guerre, la violence, ou par la négligence des souverains d'Égypte ». Il répondait « qu'on préviendrait ce danger en déclarant, par un traité qui lierait toutes les puissances européennes, la neutralité de cette

[1] Même après la promulgation de l'acte définitif de concession (1856), le cabinet Palmerston, imbu de l'ancienne tradition politique et redoutant la prépondérance que pouvait prendre la France en Égypte par la réalisation de l'œuvre née, patronnée et encouragée en France, n'épargna rien pour contrecarrer M. de Lesseps. Les travaux, commencés seulement en 1859, et avec un petit nombre d'ouvriers, ne furent sérieusement poursuivis que l'année suivante, après les nouveaux succès de nos armes en Italie.

voie de communication, et en prenant les mesures nécessaires pour faire respecter cette neutralité et assurer la navigation du canal ». Par malheur cette précaution n'a pas été prise! Aucune convention internationale n'a été conclue, ni avant 1870 ni à plus forte raison depuis, pour affirmer la neutralité qui appartient de droit au canal en vertu de son caractère incontestable d'utilité universelle. On sait quelles ont été les conséquences récentes de cette omission. Comme « il n'y avait rien d'écrit », le gouvernement britannique a violé sans scrupule, au mois d'août 1882, la neutralité du canal, au gré de ses intérêts militaires, malgré l'attitude énergique *d'un seul Français,* toujours M. de Lesseps! qui fit hésiter un moment *la force* devant *le droit*[1].

[1] Il n'aurait pas été seul, et cette neutralité aurait été respectée, si le gouvernement français avait accordé au commandant de l'escadre (le contre-amiral Conrad, depuis vice-amiral) l'autorisation qu'il sollicitait, de devancer les Anglais dans le canal.

XIV

Conclusion du Mémoire de Talabot. — Reprise récente de son projet par une Compagnie anglaise.

12° *Conclusion.* — Talabot résumait en finissant les réponses aux objections générales contre tout projet de canal, et les arguments spéciaux en faveur du sien. Tout en réfutant les partisans exclusifs du chemin de fer, il n'avait garde de leur rendre la pareille; il demandait au contraire que l'exécution de ce chemin fût menée de front avec celle du canal. « Chacune de ces voies, disait-il, a son utilité spéciale (l'une pour les voyageurs, l'autre pour les marchandises), et le trafic est plus que suffisant pour toutes deux. » C'est que le chemin de fer était le corollaire indispensable de son projet. Par son emploi pour les voyageurs et la messagerie, il faisait disparaître ou du moins atténuait l'un des plus grands avantages du tracé direct, la célérité. Mais on entrevoit que, tout en proposant les moyens d'exécution qu'il jugeait les moins coûteux et les plus faciles, il désirait avant tout que la question fût résolue promptement en faveur de l'établissement d'une communication entre les deux mers, dût l'autre tracé obtenir la préférence. Cette résignation patriotique se fait jour en quelque sorte malgré lui, dans plus d'un passage de son Mémoire, et notamment dans les lignes finales :

« En présence d'un mouvement commercial qui dépasse déjà 2 millions de tonnes, et qui est destiné à croître rapidement, les avantages que présente cette entreprise sont largement suffisants pour en assurer l'exécution immédiate. L'Égypte et la Turquie, jusqu'ici contraires à toute tentative de ce genre, se montrent aujourd'hui mieux disposées, mais le vif intérêt que témoignent la plupart des puissances européennes pour cette question est tenu en échec par l'indifférence, ou même par l'opposition de l'une d'entre elles. C'est là qu'est aujourd'hui la véritable, la seule difficulté. Tant qu'elle ne sera pas résolue, tant que subsisteront les oppositions ouvertes ou dissimulées que soulève aujourd'hui ce projet, toutes les tentatives faites pour le réaliser resteront sans résultat. »

Il insistait encore en terminant, pour que l'usage *et la neutralité* du canal fussent réglés d'avance par une convention internationale, mesure d'autant plus équitable, plus nécessaire, que les résultats commerciaux de cette grande entreprise, malgré leur importance, « n'étaient rien auprès des conséquences qu'on devait en attendre pour la civilisation du monde[1]! » Il prévoyait, bien qu'il eût garde de le dire, qu'à défaut de cette précaution, certaine grande puissance maritime céderait quelque jour à la tentation de s'emparer du canal, pour se consoler de n'avoir pu en empêcher l'exécution. Les événements de 1882 n'ont que trop bien justifié cette prévision.

Il nous reste à expliquer pourquoi le projet de Talabot vient d'être repris par une Société anglaise, qui propose d'en faire une succursale

[1] Talabot revenait, dans plus d'un endroit de son Mémoire, sur ce caractère essentiellement humanitaire de l'entreprise : « Quelle impulsion et quelle puissance acquerraient ainsi les efforts des puissances européennes pour civiliser l'Inde, pour ouvrir la Chine et le Japon au commerce du monde, pour coloniser la Malaisie, la Mélanésie, l'Océanie!... Mais, en tenant seulement compte des contrées sur lesquelles l'influence de la voie nouvelle s'exercerait plus directement et plus immédiatement, les résultats dépasseraient encore tout ce qu'on a jamais obtenu d'une œuvre de l'industrie humaine. Les 20,000 kilomètres de côtes qui bordent le bassin occidental de la mer des Indes, la mer Rouge, le golfe d'Oman, le golfe Persique, l'Arabie, l'Abyssinie, tant d'autres contrées autrefois prospères, et que la barbarie, livrée à elle-même, s'acharne à transformer en déserts; la côte orientale d'Afrique, voilà le champ que le canal ouvrira à l'activité et à l'esprit d'entreprise des races civilisées! » — Et ailleurs : « La canalisation de l'isthme est une œuvre universelle; elle touche plus ou moins aux intérêts de toutes les nations; elle ne peut donc être exécutée au profit de l'une d'entre elles. »

du canal direct. C'est que, dans l'état actuel, celui-ci ne suffit plus à sa tâche. On avait prévu un transit annuel de 6 millions de tonnes au maximum. Or, il est passé, en 1883, 3,307 navires jaugeant ensemble plus de 8 millions de tonnes, et un nouvel accroissement est à prévoir. Bien que Talabot eût conseillé de porter à 50 mètres la largeur du canal au plafond, on avait cru que 22 mètres suffiraient. Aussi les accidents se multiplient, par suite de l'encombrement, d'autant plus grand que le trajet nocturne est présentement impossible; par suite aussi de l'insuffisance de profondeur pour les grands navires de guerre actuels. Le *Bayard,* par exemple, en rapportant les restes du regrettable amiral Courbet, a eu l'une de ses hélices gravement endommagée dans le passage (août 1885).

Il est donc question aujourd'hui de tripler la largeur du canal, de creuser davantage le thalweg, d'empierrer les berges pour empêcher les érosions, d'employer l'éclairage électrique qui permettrait de passer de nuit. Et c'est l'Angleterre, si opposée jadis à l'établissement du canal, qui en réclame l'agrandissement avec le plus d'insistance ! Les événements expliquent ce changement d'attitude. Les trois quarts des navires qui utilisent ce détroit sont anglais. De plus, le gouvernement britannique est devenu, par l'achat des actions du Khédive, l'un des principaux actionnaires du canal, et s'en est arrogé la suzeraineté.

Enfin, les Anglais ne se contentent même plus d'un seul canal, maintenant que l'Égypte leur appartient. Quelques mois après la défaite d'Arabi, deux ingénieurs anglais, MM. John Fowler et Benjamin Baker, ont mis au jour le projet d'un second canal de communication entre les deux mers, *partant d'Alexandrie* [1]. Ce projet, de leur propre aveu, n'est autre que celui de Talabot. La seule différence, c'est que dans le tracé anglais, les deux branches sont prolongées en amont du barrage jusqu'à Boulak, pour éviter la dépense du pont-canal. Ensuite la branche de droite, au lieu de déboucher dans le bassin des Lacs Amers où la place est prise maintenant par l'autre canal, serait prolongée à l'ouest de ces lacs. Cette solution avait été indiquée comme la meilleure, dans tous les cas, par Talabot lui-même. « Au lieu de jeter la navigation dans le bassin des lacs, disait-il, il serait *infiniment préférable* de le prolonger à l'ouest, en le continuant sans interruption jusqu'à la mer Rouge. Ce système présente trois avantages importants : il évite les difficultés qu'entraînerait le maintien des passes à l'entrée

[1] *A Sweet-water ship-canal through Egypt.* Nineteenth Century, janv. 1883. Ce projet a été reproduit dans le tome X de Reclus, p. 532.

et à la sortie du bassin; il économise la dépense d'eau considérable qu'entraînerait son alimentation; il met la navigation à l'abri des inconvénients que présenterait souvent la traversée des lacs. »

L'établissement de ce débouché auxiliaire permettrait, dit-on, d'exécuter avec moins de précipitation et plus de soin les travaux d'amélioration de la voie directe, et de la fatiguer moins à l'avenir, tout en satisfaisant aux exigences croissantes du transit. Il aurait aussi cet important résultat, de donner satisfaction aux intérêts du Caire, à ceux surtout d'Alexandrie, et de mettre un terme à la rivalité qui existe entre cette ville et celle de Port-Saïd, au détriment de toutes les deux.

Ce ne serait pas le premier exemple d'hospitalité plus ou moins désintéressée accordée par l'Angleterre à une idée française [1].

Nous retournons maintenant à la grande œuvre de Paulin Talabot, œuvre entreprise, poursuivie, menée à bien avec une persévérance indomptable. C'est là surtout que nous allons le voir déployer, à travers bien des obstacles, des péripéties, ces qualités maîtresses qui assurent, nous dirions

[1] En concurrence avec ce projet renouvelé de Talabot, on propose aussi le creusement d'un second canal direct, parallèle au premier.

volontiers qui imposent les succès : l'énergie, le sang-froid, la hardiesse dans la conception, le sens pratique dans l'exécution et aussi un talent qu'il possédait au plus haut degré, celui de *faire travailler,* en discernant les aptitudes de ses auxiliaires, et employant chacun à ce qu'il était capable de faire le mieux.

XV

Coup d'œil rétrospectif sur les débuts de l'industrie des chemins de fer en France. — Immixtion regrettable des passions politiques dans la discussion des premiers programmes. — Une « poignée de projets » présentée en 1837, rejetée en bloc, sauf celui du chemin d'Alais. — Nouveau projet présenté en 1838; rapport d'Arago. — Débat entre les partisans de l'exécution par l'État et ceux de l'industrie privée; nouvel ajournement. — Fâcheux résultat du retard apporté à l'exécution du chemin d'Avignon à Marseille, étudié par Talabot; la disette de 1846.

Dans les annales de nos chemins de fer, une longue période de discussions, de tâtonnements, sépare les premiers essais pratiques de l'ère des « grands commandements commerciaux ». Pendant ces années difficiles, Talabot fut, pour le gouvernement comme pour le public, un éducateur aussi intelligent qu'infatigable. Il faisait partie de ce petit groupe d'hommes judicieux et clairvoyants, qui, devinant l'avenir des chemins de fer, avaient étudié d'avance les questions relatives à la construction, à l'exploitation, et entrevirent les premiers le mode mixte d'organisation financière le mieux approprié au caractère national; — groupe où figuraient, avec Paulin Talabot et Didion, Bartholoni, Enfantin, Michel Chevalier, Léon Faucher, Émile Péreire, Stéphane Mony, Jullien, Le Châtelier, Prosper Tourneux, etc. Parmi les écrits qui ont le plus puissamment contribué à porter la lumière dans les esprits, les historiens de chemins de fer signalent plusieurs publications de Talabot, notamment des articles *sur l'exploitation des chemins de fer,* fournis dès 1837 à un journal financier; et, quelques années après, un mémoire *sur l'achèvement du réseau.* La plupart de ces opuscules de combat sont aujourd'hui introuvables. Une armée victorieuse n'a guère de souci des projectiles qui lui ont servi à gagner la bataille!

L'établissement des chemins de fer fut surtout retardé par les passions politiques. Leur ingérence malencontreuse se manifesta dès 1837, lors de la présentation à la Chambre du premier projet d'établissement des lignes de Paris à la frontière belge, à Orléans, à Rouen, et de celle de Lyon à Marseille. A propos de cette question d'affaires si urgente, si grave, sur laquelle l'intérêt national réclamait une prompte entente, il y eut au contraire comme un premier essai de coalition entre les diverses catégories d'adversaires du cabinet Molé. Le chef d'un de ces groupes, le spirituel comte Jaubert, qui avait la promesse du portefeuille des travaux publics dans une autre combinaison, prétendit qu'on manquait aux députés, « en leur jetant à la tête cette poignée de projets ». On estima que ce qu'il y avait de plus pressé, c'était de faire échec au gouvernement! Comme celui-ci avait paru préférer l'exécution par des Compagnies avec le concours de l'État, cette Chambre s'engagea, pour n'en plus sortir, dans la recherche des meilleurs moyens d'effectuer ce concours. Une discussion plus brillante que solide entre les partisans des subventions directes et ceux de la garantie d'intérêt, aboutit à un verdict dilatoire. Le chemin d'Alais à Beaucaire échappa pourtant au naufrage, mais ce ne fut pas sans peine, ainsi qu'on l'a vu plus haut. (V. § 5.)

Ainsi, tandis que l'Angleterre, la Belgique, les États-Unis rivalisaient d'activité dans l'application du nouveau mode de transport, en France il n'y avait rien de changé. Il n'y avait que quelques beaux discours de plus [1].

Stimulé par l'inauguration du chemin de Saint-Germain (juin 1837), le ministère revint à la

[1] On alléguait, en faveur des voies ferrées, que leur établissement rendrait désormais les émeutes impossibles. Il y avait de meilleurs et de plus sûrs arguments à faire valoir que celui-là!

charge dès l'année suivante, avec le projet d'un réseau de plus de 4,000 kilomètres, s'étendant cette fois sur la France entière. Toutefois, on ne devait attaquer tout de suite que les lignes de Paris à la frontière de Belgique, à Rouen, à Orléans; et, sur celle de Lyon à Marseille, la section à partir d'Avignon, en suivant le tracé par la vallée du Rhône, dont Talabot et Didion avaient déjà commencé les études. Comme ils l'avaient fait remarquer les premiers, la construction de cette section avait un caractère spécial d'urgence, parce qu'elle offrait l'avantage immédiat de mettre Marseille en communication, par une voie rapide, avec la navigation fluviale.

Le ministère Molé avait pris diverses précautions pour éviter les écueils contre lesquels avait sombré le projet de l'année précédente. L'une des principales, qui tourna précisément contre lui, avait été l'adoption exclusive du système d'exécution par l'État. Comme le dissentiment sur la façon de venir en aide à l'industrie privée avait été la cause ou le prétexte apparent de cet échec, le ministère avait cru trancher d'un seul coup la difficulté. Il s'aperçut bien vite qu'en proposant une solution aussi radicale, il ne faisait que donner plus beau jeu à l'opposition. L'impression défavorable de la majorité se manifesta tout d'abord par le choix des membres de la commission. Elle choisit pour rapporteur Arago, qui n'était pas hostile seulement au ministère, mais à la monarchie. Comme on devait s'y attendre, le ministère proposant l'exécution par l'État, Arago défendit énergiquement la cause de l'association, et cette partie de son travail peut être encore utilement consultée. C'est moins un rapport qu'une sorte de causerie ou de leçon scientifique. Mais, moins clairvoyant en économie politique qu'en astronomie, il s'abusait complétement sur la portée du nouveau système, et déclarait, avec une assurance qu'il a dû regretter depuis, qu'on se faisait illusion sur l'avenir commercial et stratégique des chemins de fer [1]. Sa conclusion était que, dans tous les cas, l'État ou les Compagnies feraient bien de ne pas se presser, pour être en mesure de profiter des perfectionnements ultérieurs!

La discussion qui s'engagea à la suite de ce rapport ne fut ni moins brillante, ni moins stérile que la précédente. Bien qu'il ne fût question ostensiblement de part et d'autre que de l'exécution par l'État ou par l'industrie privée, au fond,

[1] Il faut dire, pour l'excuser, que cet avenir semblait encore alors au moins nébuleux à beaucoup de bons esprits. Le ministre lui-même (Martin du Nord) disait, dans l'exposé des motifs, que les chemins de fer ne rendraient jamais autant de services que les canaux pour le transport des marchandises!

rien n'était changé; la coalition poursuivait les hostilités avec d'autres armes. Si le ministère avait reproduit le système de 1837, on l'aurait accusé d'entêtement; on l'accusait d'inconséquence pour en avoir changé. La haine politique se trahit surtout par le rejet de la transaction proposée par le président du conseil. Il acceptait le concours de l'industrie privée pour les chemins d'Orléans et de Rouen, et ne réclamait plus pour l'État seul que l'exécution de la ligne de Belgique, dont l'urgence était incontestable, et celle d'Avignon à Marseille, la plus difficile, et par conséquent la plus coûteuse. Dans ces termes, on aurait pu facilement s'entendre, si l'intérêt public avait été le véritable objectif des adversaires du gouvernement. « Pour le moment, l'essentiel, c'était qu'on se mît à l'œuvre. » L'opposition aurait dû se contenter du sacrifice que le gouvernement avait consenti, et voter au moins le chemin de la Belgique. Elle se serait honorée et fortifiée par un tel acte, car la meilleure preuve que les partis, comme les hommes, puissent donner de leur énergie, c'est de montrer qu'ils savent maîtriser leurs propres entraînements. C'est ce qu'on n'eut garde de faire! Tous les articles du projet furent successivement repoussés, et l'ensemble rejeté ensuite de la façon la plus dédaigneuse. Triste exemple (entre mille!) des abus que peut occasionner le jeu des majorités parlementaires!

Deux ans plus tard, quand le comte Jaubert, ayant enfin mis la main sur le portefeuille des travaux publics, arriva à son tour à la Chambre avec une « poignée de projets », il lui échappa l'aveu qu'en 1838 on était unanimement d'avis que ni l'État ni l'industrie privée ne pouvaient s'emparer exclusivement des voies ferrées. C'était avouer implicitement que des considérations étrangères au sujet, que des passions antiministérielles ou antidynastiques avaient seules empêché d'établir l'entente proposée par le comte Molé.

Au milieu de ces conflits politiques, l'intérêt national, si gravement engagé dans la question des chemins de fer, devenait ce qu'il pouvait!

Parmi les conséquences déplorables de ce nouveau retard, nous n'en rappellerons qu'une seule, parce qu'elle se rattache directement à l'objet de cette étude. La section d'Avignon à Marseille, concédée seulement en 1843, entravée à diverses reprises par de graves difficultés financières, ne put être entièrement terminée par Talabot qu'en 1849. Si elle avait été entreprise dès 1838, et poursuivie sans désemparer aux frais de l'État, comme le proposait le comte Molé, elle eût été, à coup sûr, finie et livrée à la circulation avant la disette de 1846. Par conséquent, l'approvisionnement d'une partie considérable du territoire n'aurait pas été à la merci de la navigation, qui se faisait payer un prix exorbitant, sans pouvoir suffire à sa tâche. Et l'administration de la seconde ville du royaume n'aurait pas été acculée, comme elle le fut, à cette extrémité terrible de n'avoir en magasin que de quoi donner du pain *seulement pendant trois jours* à plus de 300,000 personnes!

XVI

Importance des services rendus par François Bartholoni, Émile Péreire et Paulin Talabot dans cette période rudimentaire des chemins de fer français. — Succès décisif du chemin de Paris à Orléans. — La « Grande Charte » des chemins de fer (1842). — L'amendement Duvergier de Hauranne. — Débat entre le système de la *ligne unique* et celui de l'exécution simultanée, qui obtient la préférence.

Ce nouvel ajournement porta un coup terrible aux entreprises naissantes de chemins de fer. Dans l'espace d'un an, le chiffre des kilomètres concédés tomba de 1,028 à 574, par suite de l'abandon des concessions de Lille à Dunkerque, Paris-Rouen (tracé des plateaux), Juvisy à Orléans, etc. Toutefois, le mal fut en partie réparé pendant les années suivantes, malgré les appréhensions occasionnées par la politique belliqueuse du cabinet du 1er mars 1840, à propos des affaires d'Orient; — politique qui, suivant le chef de ce cabinet, aurait consolidé la dynastie (à moins qu'elle ne l'eût fait sombrer huit ans plus tôt). Dès 1840, l'étendue du réseau concédé était reportée à 800 kilomètres, et des progrès réels furent accomplis, en dépit de la politique, pendant les quatre années qui s'écoulèrent entre l'échec du programme Molé et l'adoption de celui du cabinet Soult-Guizot. A cette période intermédiaire, se rapportent notamment : l'inauguration du chemin d'Alais à Beaucaire et à la Grand'Combe (1839-41), la concession définitive de la ligne Paris-Rouen (par la vallée de la Seine), la reprise de celle de Paris-Orléans (ouverte en 1843), etc.

Le succès éclatant du Paris-Orléans est un des incidents les plus considérables de l'histoire des chemins français. Il fut dû, comme on sait, à l'intervention d'un financier d'une haute intelligence, François Bartholoni, l'ami et l'un des auxiliaires de Talabot. Lié avec Beaunier, le concessionnaire du premier chemin de fer français (1823), il avait été, depuis cette époque, plus ou moins mêlé à la plupart des entreprises de ce genre. En dernier lieu, il était devenu membre du conseil d'administration du chemin d'Orléans, puis, au moment de la crise, président de ce conseil, ou pour mieux dire, dictateur. Il sauva, ou plutôt ressuscita l'entreprise, plus qu'agonisante, en obtenant une prolongation de concession et le concours de l'État, sous forme de garantie d'intérêt. Par son action décisive sur la destinée de cette ligne, dont il pressentait et préparait l'avenir, par son rôle non moins important dans une foule d'opérations ultérieures, Bartholoni a mérité, comme Paulin Talabot et Émile Péreire, d'être placé en première ligne parmi les créateurs des voies ferrées en France. Comme eux, il réunissait deux qualités qui souvent s'excluent : l'aptitude à embrasser les larges combinaisons, l'ensemble des affaires, et en même temps la faculté de discerner les moyens propres à en assurer le succès. Le succès du chemin d'Orléans confondit ceux qui, nonobstant les résultats obtenus antérieurement sur la ligne de Beaucaire, soutenaient encore, comme Arago en 1838, que les lignes commerciales étaient inexécutables en France.

Débarrassé de l'appréhension d'un conflit européen, le gouvernement avait songé, dès 1841, à reprendre sérieusement l'étude d'un programme d'ensemble de la « Grande Charte » du réseau national, deux fois déchirée par la passion politique. Les progrès incessants des chemins de fer à l'étranger contrastaient de plus en plus péniblement avec notre inaction. Nos 804 kilomètres concédés faisaient triste figure en présence des 4,000 de l'Angleterre, des 15,000 de l'Amérique du Nord (dont 6,000 déjà livrés à la circulation) ; du réseau belge, presque achevé. Les Allemands eux-mêmes semblaient se départir, cette fois, de leur lenteur proverbiale ; et nous, nous n'étions pas même encore fixés sur le tracé de la plupart de nos lignes principales, ni sur le mode d'exécution !

Le projet de 1842 proposait l'établissement d'un réseau dit *gouvernemental*, rayonnant de Paris sur les frontières belge et allemande, la Manche, l'Océan et la Méditerranée, réseau que la commission compléta par diverses lignes transversales. Pour les dépenses d'exécution, on avait imaginé d'y associer les communes desservies, qui auraient remboursé, par voie de contribution, les deux tiers de la valeur des terrains, évalués en moyenne à 24,000 francs par kilomètre ; — l'État, qui demeurait chargé du troisième tiers et de la dépense des terrassements et ouvrages d'art ; — et des Compagnies fermières, auxquelles il resterait à payer pour les rails, le matériel et l'exploitation, une quote-part évaluée à 125,000 fr. par kilomètre. On *espérait* que l'État, pour la sienne, n'en dépenserait pas plus de 150,000 : ainsi, la dépense totale n'aurait été que de 299,000 francs par kilomètre. Cette estimation était fort au-dessous de la vérité, ce dont les rédacteurs du projet de loi auraient pu se rendre compte facilement, en s'informant du prix de revient des chemins de Rouen et d'Orléans, déjà en partie livrés à l'exploitation. Le prix de revient du premier s'est élevé à 526,000 francs par kilomètre; celui du second, à 461,500; et il était dès lors à prévoir que ces prix seraient dépassés sur des lignes plus difficiles, comme l'Avignon-Marseille, qui a coûté presque le double de la ligne Paris-Orléans, justement pour le même nombre de kilomètres (133).

De plus, le projet était maladroitement conçu au point de vue financier. Les sacrifices des futures Compagnies avaient des limites précises; ceux du gouvernement n'en avaient pas. Si l'on s'en était tenu à l'application rigoureuse de ce système, l'État aurait eu à supporter l'excédent indéterminé, non-seulement des dépenses qu'il prenait à sa charge, mais de celles des Compagnies, au delà des 125,000 francs par kilomètre. Ce système, qui attribuait à l'État une part indéfinie dans les frais de construction, ne s'accordait guère avec les vues émises en 1838 et depuis, notamment lors de la concession des chemins d'Orléans et de Rouen. La majorité parlementaire avait paru alors admettre, en principe, que le gouvernement ne devrait construire des chemins de fer qu'à défaut de l'industrie privée, et sur les points où leur établissement serait imposé par des considérations graves, comme l'intérêt stratégique. La « Grande Charte » de 1842 s'écartait sensiblement de cette pensée. Il était impossible de l'y ramener ouvertement sans bouleverser toute l'économie du projet, ce qui eût entraîné un nouvel ajournement dont, cette fois, personne ne voulait assumer la responsabilité.

Ce fut alors qu'un député (Duvergier de Hauranne) eut l'idée ingénieuse de proposer un paragraphe additionnel portant que « néanmoins les lignes classées pourraient être concédées plus tard, s'il y avait lieu, à l'industrie privée, en vertu de lois spéciales ». La majorité accueillit avec empressement cette proposition, conforme à sa pensée secrète et au mouvement des esprits. L'exception devint bientôt la règle ; ce fut comme une de ces portes dérobées pour lesquelles on délaisse l'entrée principale.

La discussion forma, pour ainsi dire, deux grands actes. Le premier, dans lequel bien des députés firent preuve de plus de zèle pour leurs électeurs que de connaissances topographiques, fut consacré au classement et au tracé des chemins; l'autre à l'exécution et aux moyens financiers. On avait paru d'abord affligé, repentant des longs retards apportés à la création d'un réseau de chemins de fer. On s'était promis de faire trêve aux querelles ordinaires des partis dans l'élaboration de cette œuvre nationale! Pourtant les passions politiques, qui semblaient exclues du débat, y firent leur rentrée avec éclat quand il s'agit de déterminer le mode d'exécution. L'opposition proposait de concentrer toutes les ressources disponibles sur une *ligne unique*, traversant le pays dans sa plus grande étendue, de la mer du Nord à la Méditerranée. Comme le triomphe de ce système eût déterminé une crise ministérielle, son plus énergique champion fut naturellement l'ancien chef du cabinet de 1840 (Thiers), qui, heureusement, n'enleva que 152 suffrages sur 374 votants. Selon toute apparence, l'adoption de la ligne unique aurait entraîné le rejet de la loi, la démission du ministère, et, par suite, un nouvel ajournement de la question des voies ferrées. Dans tous les cas, elle aurait eu pour résultat de restreindre déplorablement l'initiative du pays. En défendant les entreprises simultanées, le ministère Guizot se montrait, en réalité, plus libéral, plus progressif que ses adversaires. Si l'autre système avait prévalu, une grande partie de la France eût été privée longtemps encore de ces créations destinées à développer sa puissance économique, et qui, suivant l'heureuse expression du ministre de l'intérieur, Duchâtel, « devaient porter avec elles leur payement ».

XVII

Effet considérable de l'adoption du projet de 1842. — Concessions des lignes d'Avignon-Marseille et d'Avignon-Lyon à des Sociétés formées par Talabot. — Lignes concédées à des conditions exorbitantes, et abandonnées par suite de la crise de 1847.

La promulgation de cette « Grande Charte » des chemins de fer, qui, comme l'autre Charte, cessa bientôt d'être une vérité, n'en détermina pas moins une reprise énergique. De 804, le nombre de kilomètres concédés se releva à 898 dès 1842, à 1,032 en 1843, à 1,919 en 1844, à 4,088 en 1845, à 4,952 en 1846. La concession du chemin d'Avignon à Marseille, faite en 1843 à la Compagnie dont Talabot avait préparé de longue main l'organisation, fut la première des nombreuses applications de l'amendement Duvergier de Hauranne. Paulin Talabot prit aussi une grande part à la formation d'une première Compagnie concessionnaire de la ligne d'Avignon à Lyon. Comme il arrive trop souvent en France, on était allé brusquement d'un extrême à l'autre, de la torpeur à une activité fébrile. Ce débordement prit surtout des proportions inquiétantes pour la moralité financière en 1845, époque où, comme on vient de le voir, le nombre des kilomètres concédés fut tout à coup porté à plus du double. Ce qu'il y avait de fâcheux dans cet entraînement, ce n'était pas l'expansion des chemins de fer, car la plupart de ceux que l'on concédait alors étaient des lignes du plus grand avenir : le futur réseau du Nord, les lignes d'Orléans à Bordeaux, de Tours à Nantes, de Paris à Strasbourg et à la Méditerranée. Tout eût été pour le mieux, si ces Sociétés avaient été solidement constituées, si leurs titres n'étaient pas devenus la proie des spéculateurs, qui n'y cherchaient qu'une occasion de trafic et de bénéfices immédiats. Les Compagnies surgissaient de tous côtés, prêtes à se disputer les concessions, mais prêtes aussi à vendre leur silence à des Compagnies rivales. La formation de Sociétés qui ne visaient qu'à prélever une dîme sur les adjudications projetées devint une industrie d'un nouveau genre.

D'autres raisons, d'un ordre plus élevé, contribuèrent à déterminer la réaction qui suivit. D'un côté, l'administration des travaux publics s'irritait de voir l'industrie privée envahir un domaine que les ingénieurs au service de l'État considéraient comme une sorte de patrimoine. Leur cause avait été défendue avec conviction et talent dans les conseils de la monarchie de Juillet par M. Legrand, directeur des ponts et chaussées, devenu ensuite sous-secrétaire d'État des travaux publics. C'est à son influence qu'étaient dues les dispositions de la loi de 1842, qui mettait les travaux de la plupart des grandes lignes au compte de l'État. Mais ces dispositions furent systématiquement éludées par l'application du paragraphe additionnel Duvergier, dont on avait fait, pour la Charte des chemins de fer, ce que les derniers ministres de Charles X avaient voulu faire de l'article 14 pour la Charte de Louis XVIII.

D'autre part, l'opposition, par une de ces brusques évolutions qu'expliquent, sans les justifier, les haines politiques, se mit à critiquer amèrement les concessions qu'elle avait recommandées et votées, et s'empressa de suggérer ou d'appuyer l'insertion de clauses plus onéreuses dans celles qui suivirent.

Cette combinaison de la malveillance latente de l'administration des travaux publics et de l'hostilité bruyante de l'opposition produisit un effet déplorable. Les concessions n'étaient plus obtenues qu'à des conditions de durée ou d'exécution ruineuses. On peut en juger par la rigueur croissante de celles qui furent imposées aux concessionnaires des trois sections de la ligne Paris-Méditerranée. Ceux de l'Avignon-Marseille (1843) avaient dû s'engager à construire à leurs frais, moyennant trente-huit années de jouissance et une subvention de 32 millions. Lyon-Avignon fut concédé pour quarante-sept ans de jouissance, *sans subvention*. Enfin, la Compagnie à laquelle fut adjugée, le 21 décembre 1845, la ligne Paris-Lyon, s'engageait non-seulement à construire sans subvention, mais à rembourser environ 18 millions de travaux commencés par l'État, le tout, pour quarante et un ans de jouissance! La dépense ayant été évaluée par les agents de l'État à 180 millions, cette Compagnie s'était constituée au capital de 200 millions seulement. Ayant ensuite acquis la certitude que le chemin coûterait au moins 100 millions de plus, elle porta, en 1847, ses doléances aux Chambres et obtint divers adoucissements, grâce auxquels elle aurait pu se tirer d'affaire sans la révolution de Février.

Sur d'autres points du territoire, il y eut des concessions pour trente-quatre, et même pour vingt-huit ans. « Ces conditions exorbitantes avaient été néanmoins acceptées de guerre lasse par des Sociétés qui, formées avec beaucoup de soins et de difficultés, répugnaient à se dissoudre, comme le firent quelques Compagnies qu'on accusait alors de timidité [1]. » Pendant ce temps, ces contrats onéreux, ruineux pour elles, étaient, au contraire, dénoncés à la tribune et dans la presse opposante comme trop avantageux, et l'opinion publique, fourvoyée par ces déclamations, se retournait contre les entreprises et les Compagnies de chemins de fer. Il n'y a rien de nouveau sous le soleil!

Cette mauvaise impression s'aggrava encore en présence des mouvements désordonnés de la Bourse, où la spéculation s'emparait de toutes les chances de brusques fluctuations que faisaient naître les discussions passionnées de la Chambre à propos de chaque nouveau projet de concession. L'histoire impartiale fera peser la responsabilité de ces scandales sur l'opposition de ce temps-là, qui ne reculait devant aucun moyen pour atteindre le but au delà duquel elle allait être entraînée en 1848. Quand elle reprochait si mal à propos au gouvernement de livrer la fortune du pays à des traitants avides, de concéder les chemins de fer à des conditions qu'on proclamait fabuleusement avantageuses, ces accusations

[1] *De la crise industrielle sur les chemins de fer* (*Revue des Deux Mondes*, août 1849). Nous empruntons plusieurs traits qui peignent au vif la situation, à ce travail, rédigé sous l'inspiration de Paulin Talabot, sinon par lui-même, et signé par l'un des principaux actionnaires de la ligne Avignon-Marseille.

ne devaient-elles pas avoir pour résultat infaillible d'exciter la cupidité, de pousser follement à la hausse ces valeurs, ces titres, qui devaient, comme l'affirmaient à l'envi rapporteurs, orateurs, journalistes, procurer d'immenses fortunes à leurs possesseurs?

Le gouvernement, contre lequel on exploitait perfidement ces scandales, méritait bien aussi des reproches, mais absolument inverses de ceux qu'on lui adressait. Il y avait autour de lui des gens qui s'imaginaient, *comme aujourd'hui,* qu'il était avantageux à l'État d'imposer aux Compagnies des charges exorbitantes. Ils ne s'apercevaient pas plus qu'aujourd'hui que les frais des entreprises malheureuses retomberaient forcément, en dernière analyse, à la charge du public, comme actionnaire ou comme contribuable.

La fin de l'année 1845 marque l'apogée de cette fièvre, qui « s'emparait non-seulement des imaginations, mais des consciences ». Pendant cette année, le nombre de kilomètres concédés avait été porté à plus du double (de 1,919 à 4,088). Malgré de sinistres présages, il s'accrut encore de près de 900 kilomètres l'année suivante (chemins de Caen, Cherbourg, Rennes, de Bordeaux à Cette, Paris-Lyon, etc.). Ce fut seulement dans les derniers mois de 1846 qu'aux emportements de la spéculation succéda brusquement une panique, qu'aggravèrent encore les désastres causés par les inondations et la mauvaise récolte. En moins d'un an, le nombre des kilomètres concédés fléchit de 4,952 à 4,011, par suite de l'abandon des concessions de Bordeaux à Cette, et d'Avignon à Lyon. « Les actions de cette dernière Compagnie, qu'un agiotage effréné avait poussées jusqu'à 750 francs, même avant que la concession fût obtenue, tombèrent bientôt, avec la même rapidité et sans plus de raison, au-dessous du pair, si bien qu'il devint indispensable, après des scandales de triste mémoire, de proclamer la dissolution de la Société (11 octobre 1847). » Les études de la ligne avaient été ébauchées sous la direction de Talabot, mais la construction n'était pas commencée.

Sous le coup de cette perturbation morale, les lignes exploitées dans les conditions les plus prospères subirent elles-mêmes un tel discrédit, qu'à la fin de 1847, leurs actions se négociaient à un prix inférieur à leur revenu.

XVIII

Révolution de 1848. — Aggravation de la crise. — Concessions de Paris-Lyon et de Lyon-Avignon abandonnées. — Ligne d'Avignon à Marseille mise sous le séquestre. — Commencements d'Audibert.

La révolution de Février vint redoubler l'intensité de cette crise. Elle portait au pouvoir les hommes qui avaient attaqué les concessions avec le plus de persistance, et qui rêvaient pour l'État le rôle de producteur, de pourvoyeur universel. En conséquence ils débutèrent par proclamer que « l'existence des Compagnies financières était radicalement incompatible avec le principe d'un gouvernement républicain, démocratique et unitaire » ; système qui devait reparaître trente ans plus tard dans les conseils de la nation. Un projet de reprise générale des chemins de fer par l'État, conforme à ces aspirations, rencontra heureusement à l'Assemblée nationale une opposition telle, qu'après le rapport du comité des finances, le ministre auteur de ce projet dut le retirer immédiatement. Il promit que cette proposition ne serait pas reprise, *au moins par lui,* restriction encore peu rassurante. L'impression d'anxiété produite par cette tentative de spoliation sous prétexte d'utilité publique, de progrès social, pesa lourdement sur les valeurs des Compagnies pendant plusieurs années.

Cette aggravation de la crise détermina l'abandon de la concession de la ligne Paris-Lyon, sur laquelle la Compagnie concessionnaire avait commencé les travaux avec un courage digne d'un meilleur sort. La révolution de Février lui porta deux coups, l'un et l'autre mortels. D'abord, la portion réalisée du capital social avait été placée en rentes sur l'État, et l'on sait l'effet des révolutions sur le cours de ces valeurs. D'autre part, en Février 1848, la Compagnie n'avait encore touché de ses actionnaires que 250 francs par action; faire un appel de fonds, dans de telles circonstances, ç'eût été crier dans le désert. La Compagnie fut mise en liquidation par une loi du 17 août 1848, qui autorisa le rachat de ce chemin de fer par l'État, à la charge de donner à chaque porteur d'action un coupon de rente 5 p. 100 de 7 fr. 60, ce qui représentait au cours du jour 109 francs environ, de telle sorte que chaque actionnaire subissait une perte des trois cinquièmes sur son versement de 250 francs.

C'était une façon de concordat que l'État débiteur imposait, et qu'on subissait par force majeure. Tels sont les profits des révolutions, pour les capitalistes et aussi pour les travailleurs!

Les deux sections terminées de cette ligne (Paris-Tonnerre et Dijon-Châlon) furent exploitées provisoirement pour le compte de l'État par M. Jacqmin à partir du 12 août et du 2 septembre 1848. Ce fut en dirigeant cette exploitation, qui se prolongea jusqu'au commencement de 1852, que le futur auteur de l'étude aujourd'hui classique sur l'*Exploitation des chemins de fer par l'État*, put constater, par son expérience personnelle, « les difficultés, l'*incompatibilité d'humeur* qui existent entre cette chose correcte, formaliste, qui s'appelle l'administration publique, et cette chose variable, multiple, qui s'appelle l'administration d'un chemin de fer [1] ».

L'abandon de cette concession réduisait encore le nombre des kilomètres concédés, de 4,041 à 3,529, dont 875 seulement exploités. C'étaient les lignes de Paris à Saint-Germain, Versailles, Orléans, Rouen et le Havre, de Strasbourg à Bâle, et, en majeure partie, celle d'Avignon à Marseille.

[1] V. Jacqmin, p. 40 et suiv. (*op. cit.*). Les faits accumulés pendant cette expérience de trois ans auraient dû suffire pour dégoûter à jamais de toute tentative semblable.

Cette dernière Compagnie qui avait supporté vaillamment l'assaut de 1847, fléchit sous celui de 1848, et fut mise le 21 novembre sous le séquestre. C'était faire naufrage, ou du moins rester en détresse en vue du port, car, sauf l'arrivée à Avignon (viaduc de la Durance), tous les travaux étaient terminés, et les diverses sections de la ligne venaient d'être livrées à la circulation, grâce à l'activité infatigable de Paulin Talabot et de ses collaborateurs.

Parmi ceux-ci, figurait au premier rang un jeune ingénieur des mines, destiné à jouer un rôle important et honorable dans l'organisation des chemins de fer français, Edmond Audibert. Sorti le troisième de l'École polytechnique, le premier de l'École d'application, Audibert était employé dans le service de l'État, quand ses aptitudes précoces fixèrent l'attention de Talabot, qui l'attacha en 1846 à l'entreprise de la ligne Marseille-Avignon. Il l'envoya d'abord en Angleterre faire auprès de Robert Stephenson, sur les lignes de Manchester à Birmingham et à Londres, l'étude pratique du nouveau système de locomotion. A son retour en France (1847), Audibert fut chargé par Talabot d'organiser le service de l'exploitation sur la ligne d'Avignon-Marseille. Pour son début, « il se trouvait aux prises avec les difficultés d'une création de toutes pièces. Il fallait une volonté et une énergie peu communes pour lutter contre l'opposition, contre les résistances sourdes ou déclarées qui surgissaient de toutes parts, sous l'empire d'intérêts froissés ou effrayés, qui n'avaient pas encore eu le temps de calculer la portée d'un changement si profond dans les relations commerciales, et de se plier à ses exigences. En même temps que l'éducation du public, il fallait faire celle du personnel exploitant. Dans cette tâche, si lourde et si délicate, Audibert déploya tout ensemble une audace et une patience qui ne se rebutaient d'aucune peine, d'aucun détail, si infime qu'il fût. Caissier, comptable, contrôleur, graisseur, donneur de billets, conducteur de train, Audibert fut tout, sans cesser d'être ingénieur et directeur. C'est qu'il sentait la nécessité absolue de substituer chez ses agents, au laisser-aller et à la fantaisie locale (auxquels on n'est que trop enclin dans le Midi), la régularité et la précision qui, nécessaires à la conduite de toute grande entreprise, sont la condition indispensable de la sécurité d'un service de chemin de fer. Il savait aussi quel empire acquiert sur ses subordonnés de tout rang un chef qui n'ignore aucun détail de la tâche confiée à chacun d'eux. »

Grâce à sa collaboration, la section de Saint-Chamas à Rognonas fut livrée à la circulation le 18 octobre 1847; celle de Saint-Chamas au

Pas-des-Lanciers, le 1er novembre suivant ; celle du Pas-des-Lanciers à Marseille, comprenant le tunnel de la Nerthe, le 15 janvier 1848. Secondé par cet auxiliaire aussi capable que dévoué, Talabot avait pu mener de front les travaux d'achèvement et de mise en exploitation de cette ligne, et les études du canal d'Alexandrie à Suez, qui nécessitèrent sa présence en Égypte pendant quelques mois. A la même époque encore, préoccupé des embarras financiers de la Compagnie d'Avignon à Marseille, il avait imaginé une combinaison financière dont nous aurons bientôt à reparler; combinaison qui obtint plus tard un succès éclatant, et qui aurait probablement évité à cette Compagnie la pénible nécessité du séquestre, si elle avait été adoptée en temps utile.

Mais proposer en 1847 une émission de titres d'emprunt de 300 francs, c'était avoir raison trop tôt!

XIX

Situation pénible de l'industrie des chemins de fer en 1849, d'après une note dictée ou inspirée par Talabot. — Solution pressentie dès lors du problème de l'*achèvement des chemins de fer*.

Nous empruntons à deux notes rédigées en 1849, sous l'inspiration de Talabot, sinon par lui-même, des renseignements d'un vif intérêt sur la situation et les *desiderata* de l'industrie des chemins de fer après la révolution de Février. Comme on va le voir, bien des choses dans ces documents ont conservé, ou recouvré le mérite de l'actualité.

« Lorsque, avant l'élection du 10 décembre, le président actuel de la République fit connaître ses vues sur le gouvernement, sur l'administration, et exposa les principes généraux d'économie politique qui lui serviraient de règles, il écrivit, dans un document devenu historique, ces sages paroles (29 novembre 1848) : « Rétablir l'ordre, c'est ramener la confiance. Protéger la propriété, c'est maintenir l'inviolabilité des produits de tous les travaux ; c'est garantir l'indépendance et la sécurité de la possession, fondements indispensables de la liberté civile ; c'est éviter *cette tendance funeste qui entraîne l'État à exécuter ce que les particuliers peuvent faire, aussi bien et mieux que lui.* » Ces quelques mots impliquaient une complète régénération économique. Aussi, quand l'élection du 10 décembre eut prononcé, il fut permis d'espérer que le gouvernement allait suivre une morale rationnelle, propre à ranimer l'esprit d'association. Le chef du nouveau cabinet, M. Odilon Barrot, vint fortifier cet espoir dans la séance du 26 décembre, où il exposa les vues du ministère. « Nous appelons à notre aide, dit-il, l'esprit d'association et les forces individuelles. Nous pensons que l'impulsion de l'État doit, partout où cela est possible, se substituer à l'action directe de l'État. »

« Malheureusement, le désaccord entre le gouvernement et l'Assemblée constituante, qui se manifesta promptement, dut faire ajourner toutes les espérances d'amélioration jusqu'à la réunion de l'Assemblée législative. » L'auteur ne dissimule pas que le désappointement fut complet quand on vit que le message du Président à la nouvelle Assemblée, « loin de donner satisfaction aux vœux et aux nécessités de l'industrie des chemins de fer, ne contenait, à l'article consacré aux travaux publics, qu'une nomenclature rapide de ces travaux, dans laquelle on désignait nominativement une seule Compagnie, celle d'Avignon à Marseille, pour dire que l'État administrait provisoirement cette ligne, *dont la Compagnie concessionnaire était légalement dépossédée;* assertion inexacte, car le séquestre n'est point une prise de possession, mais simplement une mesure préservatrice [1] ». Il est vrai qu'ultérieurement, à propos de la demande d'un crédit applicable aux travaux de la ligne Paris-Lyon, le ministre des travaux publics (Lanjuinais) s'était exprimé ainsi : « Nous devons appeler l'attention de l'Assemblée sur l'une des plus sérieuses questions qu'elle sera appelée à trancher : « L'État doit-il s'attacher à « conserver la construction et la gestion des « chemins de fer? Nous avons émis et développé « la pensée que l'industrie privée serait dans des « conditions meilleures que l'administration publi- « que pour exploiter les chemins de fer. *Toute- « fois la question reste entière.* L'ouverture du « crédit proposé ne préjuge en aucune manière « la solution. » — Nous ne demandons pas mieux

[1] Il n'y avait là, du reste, qu'une « impropriété d'expression », et non une menace. Talabot conserva non-seulement le titre, mais, en fait, les fonctions de directeur. La ligne avait été terminée aux frais de l'État, et la dernière section, de Rognonas à Avignon, ouverte le 5 mars 1849.

que de prendre acte de ces paroles. Bien que la mise en exploitation par l'État, opérée sur le chemin de Chartres, préparée avec intelligence sur le chemin de Lyon, ne nous semble pas un fait insignifiant, laissant la question aussi entière que le prétend l'exposé des motifs, nous ne chicanerons pas sur cette sorte de contradiction entre les paroles et les faits, et nous accordons qu'il est encore temps de discuter sérieusement s'il est conforme au bien de l'État qu'il se fasse messagiste ou entrepreneur de roulage; si les intérêts du commerce, de l'industrie, du public et du Trésor sont aussi bien assurés et desservis par une administration publique que par une association industrielle... »

Pour expliquer l'inquiétude exprimée ici, il convient de rappeler que l'exploitation par l'État « s'était imposée », suivant l'expression de M. Jacqmin, à la suite de la crise économique amenée par la révolution de Février, sur deux lignes qui eurent dès l'origine un trafic important : celle de Paris-Chartres, qu'on n'avait pu concéder à cause des difficultés pendantes entre deux Compagnies Paris-Versailles; et les sections terminées du Paris-Lyon. A la vérité, dans les projets de loi relatifs à ces lignes, l'exploitation par l'État n'était proposée que comme mesure provisoire. Mais on ajoutait : « jusqu'à ce qu'il ait été statué définitivement sur la concession ou l'*exploitation entière* de ces chemins ». Les hommes les plus compétents dans les deux Assemblées avaient bien combattu le système de l'exploitation définitive par l'État. Le ministre lui-même ne dissimulait pas sa préférence pour l'industrie privée. Toutefois, voulant éviter un débat qui eût retardé et peut-être compromis le vote des crédits pour continuer les travaux, il avait eu soin de laisser la *question entière,* c'est-à-dire entièrement indécise. D'autre part, on savait qu'un projet proposant l'exploitation du chemin Paris-Lyon par l'État à *titre définitif* avait été préparé et déposé à la fin de l'année précédente, et remplacé, seulement depuis l'élection présidentielle, par le projet d'exploitation à titre provisoire. Enfin, on n'ignorait pas que, dans la nouvelle Assemblée, une très-forte minorité socialiste (250 membres) voulait (comme aujourd'hui!) la reprise du réseau tout entier par l'État.

Dans cette situation, on comprend que les chefs, les actionnaires et les créanciers des Compagnies encore sur la brèche, à plus forte raison ceux de l'Avignon-Marseille déjà en séquestre, n'étaient rassurés que *provisoirement,* c'est-à-dire pas du tout.

Aussi Talabot demandait qu'on se hâtât d'entamer cette discussion, de résoudre la *question entière,* car il y avait péril, et péril mortel, en la demeure.

« Pendant qu'on réfléchit et qu'on n'en est pas encore à délibérer, le temps se passe, un temps bien rude aux intérêts engagés. De grandes ruines se consomment; d'autres se préparent.

« En effet, ce n'est pas seulement des chemins de fer et de leur énorme capital qu'il s'agit. Nos grandes usines, notre industrie métallurgique, sont parties dans ce grand procès. On ne peut en différer la solution. L'existence de la population qu'elles emploient est compromise, et aussi celle de tant d'hommes qui précèdent ou suivent cette population dans la voie du travail. Une grande forge, par exemple, qui fait vivre mille, deux mille ouvriers, donne de l'ouvrage à dix fois plus de monde avant ou après sa fabrication; que devient tout ce monde, quand ce grand atelier s'arrête? Nous ne le voyons que trop!

« Les chemins de fer, plus particulièrement compromis dans le discrédit général, ne pourraient-ils point, par compensation, en être relevés plus facilement que d'autres valeurs, grâce à des mesures judicieuses et équitables, dont l'adoption n'imposerait à l'État que des sacrifices proportionnés à la situation actuelle de nos finances?

« Un capital d'un milliard est aujourd'hui en souffrance. Pour l'achèvement des lignes en construction ou concédées avant 1848, il faudrait à peu près le doubler. Les possesseurs de ce capital doivent être d'abord rassurés par une déclaration positive, constatant de nouveau les dispositions légales qui garantissent leur propriété. En outre, le moyen efficace de ranimer le travail et d'achever les lignes de chemins de fer étant de rappeler à l'exécution de ces entreprises les capitaux français et étrangers qui s'en sont éloignés, le gouvernement devra se rendre un compte exact de la situation de chacune des lignes aujourd'hui en exploitation, afin de connaître quels adoucissements devraient et pourraient être apportés à l'exécution des engagements de ces entreprises envers l'État. On prendrait pour bases : 1° le maintien de l'intégralité des engagements; 2° la diminution de la quotité des remboursements annuels venus à échéance, de manière à reporter l'acquittement final à une époque plus éloignée, dans la limite de la durée des concessions. *Examen serait fait de cette durée,* et s'il était reconnu qu'en la prolongeant, même jusqu'au terme emphythéotique fixé par les premières concessions, on améliorerait la situation et le crédit des Compagnies au point de donner sécurité sur leur présent et sur leur avenir, *cette prolongation devrait être accordée.* »

Il demandait ensuite qu'on vînt en aide aux Compagnies qui seraient *ou deviendraient* concessionnaires de lignes improductives, et pourtant nécessaires, soit en faisant à ces Compagnies l'abandon, à titre de subvention, de tout ou partie des sommes employées par l'État à la construction des parties déjà exécutées, ou bien encore en appliquant, soit aux lignes non commencées encore, soit aux lignes en partie construites, même à certaines lignes déjà en exploitation, *la garantie d'intérêt, dans une mesure et avec des conditions d'examen ou de révision rassurantes à la fois pour les capitaux engagés et pour l'État.*

On entrevoit déjà ici la solution du problème de l'organisation des chemins de fer par la formation de grandes Compagnies, la prolongation jusqu'au terme de quatre-vingt-dix-neuf ans des concessions, et l'emploi, sur une vaste échelle, de la garantie d'intérêt.

« Voilà, sans doute, ajoutait l'auteur, un système bien différent de celui qui a été suivi dans les dernières années où des concessions de chemins de fer ont été consenties. Mais quels ont été les résultats de ces mesures rigoureuses? Que sont devenues ces Compagnies avortées avant un travail quelconque, abandonnant leur cautionnement plutôt que de s'exposer à des pertes plus grandes et inévitables? Croit-on que quelques millions entrés par cette triste voie dans les coffres de l'État, y aient apporté un bénéfice réel[1]? Mais, sans remonter à ces pénibles souvenirs, cherchons où sont aujourd'hui les meilleures, les plus fructueuses entreprises. Il n'en est pas une dont les titres d'emprunt (obligations) ne soient de beaucoup au-dessous du pair de 1,000 francs. Cependant ces titres rapportent 50 francs d'intérêts; cependant ces intérêts, fidèlement servis, sont toujours payés avant qu'un bénéfice quelconque soit distribué aux actionnaires.

« Il y a donc nécessité et opportunité de relever le crédit des chemins de fer. Maintenant, que l'on examine froidement, avec soin et maturité, les conséquences financières des mesures que nous proposons, et l'on reconnaîtra que, si elles imposent sur des dépenses effectuées des sacrifices considérables, elles ne grèvent le présent et l'avenir que de diminutions de recettes annuelles peu importantes, ou d'éventualités de dépenses annuelles aussi, *qui, assurément, sont loin d'égaler les sommes que l'État consacrerait à la construction et à l'exploitation des lignes encore à exécuter*. L'esprit d'association, ranimé, encouragé, fera renaître la confiance et le travail; il payera ainsi promptement sa dette de reconnaissance à la société entière. »

[1] Les cautionnements ainsi abandonnés étaient ceux de la première Compagnie de Paris-Lyon, 10 millions; de Bordeaux à Cette, 11 millions; de Fampoux à Hazebrouck, 1,500,000 fr.

XX

Premiers emprunts des Compagnies par émission d'obligations. — Type populaire d'obligations de 300 francs, imaginé et proposé par Talabot dès 1847, employé à partir de 1851. — Ses observations critiques sur un projet de concession de la ligne Paris-Lyon-Avignon, présenté en 1849.

Nous abordons maintenant la partie la plus difficile, la plus originale de l'œuvre dont l'honneur revient, en partie, à Paulin Talabot. On pourrait la définir : l'appropriation de l'industrie des chemins de fer, importée d'Angleterre, aux habitudes et à l'esprit français. Trois moyens principaux ont été employés pour atteindre ce but, le type nouveau et populaire des obligations de 300 francs, proposé par Talabot dès 1847; la formation des grandes Compagnies, à laquelle il a énergiquement concouru (1852) ; et en 1859, l'établissement du régime des conventions.

Les plus anciennes Compagnies, abordant une région encore à peu près inconnue, où elles n'avançaient qu'à pas comptés, n'ayant qu'une tâche et un horizon très-limités, n'avaient pu s'adresser, pour leurs emprunts, d'ailleurs relativement peu considérables, qu'à un nombre restreint de capitalistes. Dans la première période de leur histoire (1823-41), le chiffre total de ces emprunts par voie d'obligations ne s'éleva qu'à 31 millions, contre 159 millions de fonds social (capital-actions) réalisé. Ces 34 millions provenaient d'obligations de 1,000 francs, remboursables avec 250 francs de prime, et à bref délai, émises, à partir de 1838, par les Compagnies de Paris à Saint-Germain, à Versailles (rive droite), de Montpellier à Cette, de Paris à Orléans.

Le nombre de kilomètres concédés n'était encore que de 804; à la fin de cette première période, il s'était élevé à près de 5,000, avant les crises de 1848 et 49, qui déterminèrent l'abandon de plus de 1,400 kilomètres. Néanmoins, le chiffre des concessions était remonté à 3,914 kilomètres à la fin de 1851. Pendant cette seconde période, où le montant du capital-actions réalisé avait progressé de 159 à 635 millions, celui du capital-obligations s'était élevé de 31 millions à près de 179. Mais, dans ce même intervalle de temps, les recettes nettes des Compagnies avaient été de plus de 58 millions. Elles avaient donc pu facilement prélever sur ce boni les 9 millions d'intérêts dus aux obligations, puis distribuer, en moyenne, de 11 à 12 pour 100 à leurs actionnaires.

« Les obligataires, dit M. P. Delombre, avaient donc pour garantie du service de leurs intérêts des chemins en exploitation régulière et des recettes bien assises. Chaque groupe d'intéressés, dans cette grande entreprise des chemins de fer français, gardait ainsi le caractère qui semble assigné par la nature même des choses aux actionnaires et aux obligations. A ceux-ci, avec la sécurité absolue du placement, la fixité du revenu; à ceux-là, avec tous les risques d'une initiative hardie, les chances de dividendes croissants [1]. »

Depuis, « nous avons changé tout cela ». A l'époque des *razzias* opérées sur l'épargne par certaines petites Compagnies, on a vu émettre des obligations, alors que le capital-actions n'était pas réalisé, ou ne l'était que fictivement, quand les chemins étaient à peine commencés ou encore en projet.

Tels n'avaient pas été les agissements des anciennes Compagnies, depuis fusionnées en six groupes, où persistent les mêmes traditions de prudence et de loyauté. Là, ces placements dits de *tout repos* n'ont pas usurpé leur titre. Si plus

[1] *Petites et grandes Compagnies; Études d'histoire financière,* p. 137. L'excellent ouvrage de M. Delombre, qui a exercé une salutaire influence sur l'opinion publique dans les récentes polémiques sur les questions de chemins de fer, nous a été d'un grand secours dans cette partie de notre travail.

tard des lignes du second réseau ont été construites avec des capitaux empruntés au moyen d'obligations, c'est sous le régime des conventions de 1859, quand le service de ces obligations était assuré par le déversement des bénéfices du premier réseau, et subsidiairement par la garantie d'intérêt.

L'émission des premières obligations de 1,000 francs n'avait pas été autorisée sans peine, à cause du souvenir des abus de la loterie. Le même motif avait fait repousser, en 1847, le premier projet d'emprunt sous forme d'obligations de 300 francs. Mais l'impulsion était donnée. Les obligations de 500 francs apparurent en 1850, et, l'année suivante, le type de 300 francs, imaginé par Talabot pour soulager la Compagnie d'Avignon-Marseille, fut employé par celle du Nord pour racheter le chemin d'Amiens à Boulogne. *Sic vos non vobis !...*

Ici se présente un incident curieux que nous ne saurions passer sous silence; la polémique engagée dès 1849 avec une Compagnie puissante, qui proposait de reprendre la ligne de Paris-Lyon en y joignant celle de Lyon-Avignon, abandonnée en 1847 par la Compagnie concessionnaire que Paulin Talabot avait organisée deux ans auparavant. Cette offre, agréée par le gouvernement, était l'objet d'un projet de loi, déposé le 8 août

8.

1849. Le triomphe de cette combinaison aurait eu pour effet de scinder en deux parties très-inégales la grande communication de Paris à la Méditerranée, ne laissant à Talabot et aux capitalistes groupés autour de lui que la section Avignon-Marseille. Jamais, peut-être, il n'a déployé autant d'habileté et de persévérance que dans cette lutte *pro aris et focis*. Tous ses arguments contre la Compagnie soumissionnaire de Paris-Lyon-Avignon étaient condensés dans une note que publia, le 1er octobre 1849, la *Revue des Deux Mondes*. Elle commençait ainsi :

« Les questions financières sont, à cette heure, les plus graves et les plus urgentes. Un budget en déficit, le système de nos impôts ébranlé, des impôts nouveaux à créer, d'immenses travaux publics à terminer, notre industrie et notre commerce à faire sortir d'un désastreux chômage ; de toutes parts des intérêts matériels d'une importance énorme, éveillés et dans l'attente, voilà des préoccupations suffisantes pour absorber l'Assemblée et le pays. C'est la question du pain quotidien posée pour tout le monde, pour l'État, pour l'industriel, pour l'ouvrier. »

Il exprimait ensuite le désir que cette situation pût au moins profiter à l'éducation politique de la France :

« Nous voudrions que ce fût pour elle une

occasion de s'éclairer une bonne fois sur ses intérêts positifs, qu'elle a si longtemps négligés. Nous voudrions qu'elle prît enfin, à cette dure école, l'habitude de veiller avec intelligence et assiduité à sa politique matérielle. Puissions-nous comprendre aujourd'hui que la vie d'un peuple ne se concentre pas dans ces débats constitutionnels et de politique pure, d'où sont sortis tant de troubles et de révolutions; et qu'en descendant à des détails plus vulgaires, en donnant ses soins au *ménage national,* on aurait une action plus forte et plus salutaire sur les masses! »

Ces réflexions n'ont pas seulement un intérêt historique. Nous avons revu, à une époque récente, de déplorables exemples de l'immixtion de la politique dans les questions d'affaires, et les meilleures pièces du *ménage national* écornées ou brisées par des mains brutales et maladroites!

Après avoir sommairement rappelé les vicissitudes des premières Compagnies de Paris-Lyon et de Lyon-Avignon, on abordait l'examen du projet de loi qui faisait de ces deux concessions une seule et même affaire. Ce projet avait, il est vrai, le mérite d'établir nettement trois principes fondamentaux : 1° la nécessité de l'achèvement immédiat de la ligne de Paris à Avignon ; 2° la nécessité d'une communication *continue* par voie ferrée, indépendante de la navigation fluviale; 3° la préférence accordée à l'industrie privée, pour la construction comme pour l'exploitation. Talabot approuvait également plusieurs clauses qui ont été reproduites dans la plupart des traités ultérieurs : garantie d'un minimum d'intérêt au capital social ; durée de la concession portée à quatre-vingt-dix-neuf ans ; abandon du produit à la Compagnie jusqu'à 8 pour 100. Mais après l'éloge, il faisait une large part au blâme. Le traité ayant été complétement modifié, nous croyons inutile de reproduire en détail les observations critiques de Talabot. Suivant lui, le projet offrait deux inconvénients fondamentaux; onéreux pour l'État, il était en même temps dangereux pour la Compagnie. Il était onéreux pour l'État, qui non-seulement abandonnait à la Compagnie pour 154 millions de travaux faits jusque-là à ses frais ou remboursés par lui sur les deux sections Paris-Lyon et Lyon-Avignon, mais prenait à sa charge la dépense de la traversée de Lyon, évaluée à 24 millions, estimation que Talabot jugeait insuffisante. Il critiquait aussi sévèrement l'article qui accordait à la Compagnie une subvention de 15,500,000 francs, destinée à être offerte comme prime aux actionnaires des anciennes Compagnies dissoutes de Bordeaux à Cette, Fampoux à Hazebrouck, et de *Lyon à Avignon,* qui voudraient souscrire des obligations de la nouvelle

Compagnie, émises à 352 francs, et remboursables à 500. Ces actionnaires étaient porteurs d'*éventualités* ou titres à la restitution éventuelle des cautionnements confisqués, qui auraient été admis en déduction du montant des souscriptions, à la condition, il est vrai, de prendre un certain nombre d'obligations à la fois. Ainsi, par exemple, les porteurs d'éventualités de l'ancien Lyon-Avignon n'auraient eu, toutes déductions faites, qu'une somme de 1,162 fr. 65 centimes à débourser pour recevoir quatre obligations du nouveau Paris-Avignon, remboursables à 500 francs chacune. C'était un moyen assez habile de provoquer des défections dans le camp opposé. Mais Talabot démontrait sans peine qu'en sacrifiant 15 millions à cette opération, l'État se faisait complice d'une manœuvre de Bourse.

« Si le gouvernement, disait-il, cédait à un sentiment équitable en restituant les cautionnements confisqués de ces Compagnies qui ont été coupables, plus par son fait que par le leur (le premier tort ayant été à lui, qui avait imposé des conditions exorbitantes), nous l'en approuvons. Mais alors ce n'était pas une fraction des cautionnements, 15,500,000 francs; c'était la totalité, 22,500,000 francs, qu'il fallait rembourser. S'il s'agit d'une réparation, elle ne peut être ni incomplète, ni faite par d'autres mains que celles de l'État. C'est une question de dignité; en pareil cas, le gouvernement ne peut avoir ni intermédiaire ni tuteur. En consentant à cette subvention, il a involontairement fait appel aux passions de la Bourse. Que s'est-il passé, en effet, depuis que cette destination de la subvention a été connue? Les éventualités, qui se traînaient à vil prix sur le marché, ont été accaparées. Elles sont accumulées aujourd'hui dans quelques mains qui ne peuvent réaliser les bénéfices de leurs spéculations qu'en souscrivant un nombre proportionné d'obligations. Ces hommes-là ne figureront dans l'affaire que pour faire admettre en proportion, et au pair, leurs éventualités. L'opération une fois réalisée, ils provoqueront la hausse, feront leur butin, et ne laisseront au public honnête et sérieux que les mauvaises chances de la spéculation. »

Parmi les critiques dirigées contre la Compagnie soumissionnaire, la plus sérieuse portait sur l'insuffisance probable du capital social (100 millions d'actions, 140 d'obligations). La Compagnie savait à peu près ce qui lui restait à dépenser sur la section Paris-Lyon ; mais elle était beaucoup moins bien renseignée sur ce que pourrait coûter celle de Lyon à Avignon. Avec une garantie d'intérêt pour 240 millions seulement, elle se lançait dans une affaire qui pouvait en coûter 300, et même davantage, seulement pour les travaux. Malgré les faveurs du gouvernement, une pareille entreprise était téméraire. Talabot ajoutait que « les éléments d'un projet d'exécution de cette ligne à forfait, plus conforme aux intérêts de l'industrie honnête et à ceux de l'État, étaient déjà réunis ».

XXI

Première application du système de fusionnement; la Compagnie Lyon-Marseille. — Emploi du type d'obligations de 300 francs, « formule des emprunts de l'avenir », pour la formation du capital social de cette Compagnie. — Autres applications de ce système en 1852.

Dans ce conflit, le succès fut partagé. La Compagnie que Talabot avait combattue en 1849 n'obtint que la section Paris-Lyon, mais seulement en 1851, par adjudication, et à des conditions bien différentes. Elle était obligée de rembourser les dépenses faites sur cette ligne par l'État, dépenses montant à 114 millions, et qui, dans le projet de 1849, lui étaient abandonnées. Elle adoptait le système proposé dès cette époque par la Compagnie concurrente (Talabot), en se chargeant à forfait de l'achèvement de la ligne dans un délai de quatre ans. En retour, la concession était faite pour quatre-vingt-dix-neuf ans, clause dont l'usage, conseillé depuis longtemps par Talabot, tendait à se généraliser, et l'État garantissait un intérêt de 4 pour 100, sur un capital maximum de 200 millions (décret du 5 janvier 1852). Enfin, il n'était plus question des avantages offerts aux porteurs d'éventualités sur les cautionnements confisqués.

Paulin Talabot n'avait pu ressaisir, cette fois, que la section Avignon-Lyon, et après une lutte des plus vives, en offrant un rabais de 11 millions sur la subvention de 60 millions accordée par l'État. Il forma donc, en attendant mieux, une Compagnie Lyon-Méditerranée, par la réunion des lignes Lyon-Avignon-Marseille, du Gard, de Montpellier à Cette et à Nîmes, le prolongement concédé de Marseille sur Toulon, l'embranchement de Rognac à Aix, etc. Le capital de la nouvelle Société était représenté par l'émission de 35 millions d'actions, et de 182,333 obligations de 300 francs (loi du 8 juillet 1852). Pour la première fois, il était autorisé à faire usage, personnellement, du type d'emprunt dont la conception première lui appartenait. Tout récemment encore, il en avait recommandé l'emploi dans un Mémoire *sur l'achèvement du réseau.* Il y traçait, avec une sagacité prophétique, le plan général d'organisation des chemins français, les grandes lignes de partage, la répartition des services, des responsabilités, l'appropriation des moyens d'action aux circonstances.

Suivant lui, « l'une des principales causes de

l'insuccès d'un grand nombre des premières entreprises venait de ce qu'on n'avait pas su séparer les trois parties, les trois éléments, les trois fonctions, les trois responsabilités qui concourent à ces sortes d'affaires : organisation financière, construction, exploitation. En donnant l'impulsion au mouvement des chemins de fer, on avait souvent confondu ces trois spécialités..., composé à peu près exclusivement de banquiers les conseils d'administration. On faisait sortir le financier de sa sphère; on lui attribuait la responsabilité de l'ingénieur et l'industrie de l'entrepreneur de transports. Il en est résulté que les études préliminaires n'étaient pas faites avec assez de connaissances pratiques ou d'ardeur intéressée. Voyez-vous des banquiers luttant autour d'une table ronde sur des questions de tunnels, d'aqueducs, etc.?... Dans ce mode de direction, les lois du bon sens semblent avoir été foulées aux pieds à plaisir. Nous ne croyons pas que la nécessité d'une réforme sur ce point puisse être contestée. Nous voyons dans une affaire de chemin de fer *une question de construction, une question d'exploitation, une question d'argent.* » (*Op. cit.*) Aujourd'hui, tout le monde y voit la même chose; mais il fallait alors quelque sagacité, et un certain courage pour formuler cette théorie.

Les prévisions de Talabot ont été également justifiées, dépassées, en ce qui touche le système d'emprunt par voie d'obligations de 300 francs. « C'était bien le type nécessaire, opportun, conforme aux goûts, aux besoins, aux forces des masses laborieuses et économes, sur lesquelles il faudrait bientôt s'appuyer pour réunir tant de milliards. L'obligation de 300 francs, c'est la coupure démocratique par excellence, accessible à tous, attrayante par sa prime, sérieuse et séduisante encore par son revenu, mélange de fixité et d'*alea*, de certitude et d'inconnu, qui plaît au petit capitaliste, ce grand maître de nos plus colossales entreprises.

« Les premières Compagnies, n'ayant qu'une œuvre très-limitée, avaient pu ne s'adresser, pour leurs emprunts, qu'à une classe très-restreinte de capitalistes. Mais il est évident que le jour où, pour mener à bonne fin le vaste ensemble de nos chemins de fer, on n'aurait plus trop de la participation des plus humbles épargnes, l'*extrême divisibilité des titres s'imposerait.* » (Delombre, *op. cit.*)

Par la création et la diffusion de cette « formule des emprunts de l'avenir », Paulin Talabot a exercé une influence considérable et heureuse sur la constitution financière des Compagnies, et sur les destinées de l'industrie des chemins de fer.

Lors de la discussion du projet de loi relatif à la formation du réseau Lyon-Méditerranée, le rapporteur, s'inspirant des idées de Talabot, s'attacha à démontrer l'inanité des craintes qu'inspirait à quelques esprits timorés cette application du système de concentration et de fusion, et les inconvénients du monopole. Il démontra que l'abus du monopole, — contre lequel, d'ailleurs, l'État restait toujours armé, — était surtout à redouter de la part des petites Compagnies isolées, écrasées par les frais généraux, entraînées fatalement à chercher des compensations dans des économies mal entendues, ou dans des exagérations de tarifs.

La même année vit s'accomplir la fusion des deux chemins de Paris-Versailles avec l'Ouest, et celle, plus importante, des Compagnies de Paris à Orléans, du Centre, d'Orléans à Bordeaux et de Tours à Nantes. Des considérations de diverse nature accélérèrent, dans cette partie du territoire, la mise en pratique complète de ce système. La position de ces différentes lignes les mettait dans la nécessité réciproque de se faire une concurrence ruineuse, et dont le public eût, en fin de compte, payé les frais, comme il arrive aux États-Unis, par l'effet de ces luttes à outrance, de cette liberté de concurrence sans limites, qui, de l'aveu des Américains sensés et de bonne foi, dégénère en flibusterie (*freebooter*) [1].

La réunion de ces quatre lignes, autorisée et favorisée par l'État, fit disparaître ces éventualités menaçantes. Dans cette liquidation, les titres des trois Compagnies les moins prospères durent subir une réduction calculée d'après leur valeur réelle au moment de l'opération. Ainsi les créanciers les plus mal traités, ceux de la Compagnie de Tours à Nantes, ne reçurent de celle d'Orléans qu'une seule action pour quatre. Mais ils y gagnaient tout de suite une augmentation de revenu, et l'on considérait dès lors comme certain qu'en tout temps chacune des nouvelles actions aurait une valeur effective en rapport avec le capital réellement versé, même par ceux-là qui semblaient traités le moins favorablement. Ces prévisions, sous l'influence desquelles s'accomplit la formation du grand réseau d'Orléans, ont été pleinement justifiées par l'événement, pour ce

[1] Le 17 juin 1885, le général Devereux, président d'une des principales Compagnies des États-Unis (*Cleveland, Columbus, Cincinnati and Indianapolis*), a donné, dans un document officiel, des détails tristement curieux sur « *la situation présentement déplorable* » des chemins de fer dans ce pays, par suite de l'absence de tout contrôle de l'État et des abus de la concurrence. Par un étrange contraste, tandis que certains politiciens français, en quête de popularité, réclament le système des Américains, ceux-ci demandent comme remède aux maux résultant du régime de liberté illimitée, celui précisément qui existe en France.

réseau comme pour les autres. Il y avait là un précédent dont aurait dû tenir compte, vingt-cinq ans plus tard, la majorité parlementaire qui repoussa avec tant d'emportement, comme *léonin,* le projet de fusion des petites Compagnies de la Vendée et des Charentes avec la Compagnie d'Orléans [1].

Dès 1852, l'extension de ce remaniement des concessions à tout le territoire français était considérée comme inévitable et prochaine, et désirée par tous les esprits sérieux. Nous retrouvons cette prévision nettement exprimée dans une des publications les plus autorisées de cette époque, l'*Annuaire des Deux Mondes*, rédigé par M. Desprez. « La fusion de ces quatre grandes lignes, disait-il, n'est que le début de l'application d'un système qui consisterait à former de grands réseaux géographiques et commerciaux, dans la circonscription desquels la construction et l'exploitation des embranchements seraient confiées aux grandes Compagnies, déjà concessionnaires des lignes principales. On conçoit, sans qu'il soit besoin de les déduire en détail, quels seraient les avantages de ce système: influence légitime du

[1] Il est bien démontré aujourd'hui que cet arrangement eût été en réalité bien plus avantageux pour les créanciers de ces Compagnies, que ne l'ont été le rachat et la formation du réseau d'État.

gouvernement, sécurité des capitaux engagés, aménagement modéré de l'émission de titres nouveaux, économie pour les Compagnies, et dès lors pour le public. *Tous les intérêts auraient à s'applaudir de la généralisation de ce système*[1]. »

[1] *Annuaire des Deux Mondes* (1852), p. 101.

XXII

Conformément aux prévisions de Talabot, la construction du réseau français passe de la petite à la grande vitesse, par le fusionnement et l'emprunt sous forme d'obligations de 300 francs. — Formation des grands réseaux d'Orléans et de l'Ouest. — Guerre d'Orient; transports militaires sur la ligne de Lyon-Marseille. — Création de la Société des houillères de Bessèges; transformation complète de cette contrée sauvage. — Institutions philanthropiques de cette Société.

En peu d'années, ces vœux furent accomplis, ces prévisions dépassées. L'emploi généralisé du système de fusion et du nouveau type d'obligations imaginé par Talabot fit passer, en quelque sorte, de la petite à la grande vitesse la construction du réseau français. Dès 1852, le chiffre des kilomètres concédés, tombé au-dessous de 4,000 par l'effet des crises financières et politiques, remontait brusquement à 7,204. A la formation du réseau Lyon-Méditerranée, à celle du réseau d'Orléans, qui avaient déterminé l'émission de plus de 300,000 obligations de ce nouveau type essentiellement démocratique [1], succéda celle de la grande Compagnie de l'Ouest (avril 1855). Celle-ci commença par convertir les obligations diverses des Sociétés antérieures qu'elle absorbait, en obligations de 300 francs. Il n'en fallut pas moins de 527,734 pour opérer cette conversion. Ces exemples suffisent pour montrer avec quelle rapidité et quel succès ce type prit la première place dans les emprunts des Compagnies. Dans l'espace de sept ans, ces emprunts, réalisés par voie d'obligations, furent quintuplés. Des faits irrécusables prouvent aussi que jamais la confiance publique ne fut mieux justifiée. De 1848 à 1851, la plupart des travaux de chemins de fer avaient dû être exécutés par l'État. A partir de 1852 un mouvement en sens inverse se prononce, et s'accentue avec une célérité et une intensité extraordinaires. Les Compagnies en font d'abord autant que l'État, puis davantage, puis presque tout. Un rapport du ministre des travaux publics (1857) évalue le coût total du réseau, depuis l'origine, à un peu plus de 3 milliards, dont 661 millions fournis par l'État, et le reste (2 milliards 419 millions) par les Compagnies. Pendant les seules années 1855 à 1856, celles-ci avaient dépensé 919 millions en travaux,

[1] 182,333 pour Lyon-Méditerranée, 150,000 pour Orléans.

contre 30 millions seulement déboursés par l'Etat.

Dans ce mouvement, dont il avait été l'un des premiers promoteurs, le directeur de la Compagnie Lyon-Méditerranée n'était pas resté en arrière. Il fut de nouveau, et comme toujours, admirablement secondé par Audibert, qui, depuis la levée du séquestre de l'Avignon-Marseille, dirigeait de nouveau l'exploitation de ce réseau agrandi[1]. En 1854, leur dévouement patriotique et leur activité furent mis à une rude épreuve, dont ils se tirèrent avec honneur. La section Avignon-Valence venait à peine d'être livrée à la circulation; celle de Valence à Lyon n'était pas terminée, quand éclata la guerre d'Orient. Il fallut, pendant plusieurs mois, lutter pour ainsi dire corps à corps contre les inconvénients de cette lacune de 105 kilomètres dans les voies rapides; effectuer, aussi promptement que le permettait cette communication encore imparfaite, des transports considérables de troupes, de matériel, sans

[1] Quand la ligne d'Avignon-Marseille fut placée sous le séquestre, bien que cette mesure fût, en réalité, conservatoire, et que le représentant de l'État se fût assuré le concours du directeur, Audibert crut devoir se tenir à l'écart. Il s'était exclusivement occupé, de 1848 à 1851, des houillères de la Grand'Combe, sur la demande des principaux actionnaires, également intéressés dans l'entreprise du chemin de fer. Dès que Talabot eut constitué la nouvelle Compagnie, Audibert reprit l'exercice de ses fonctions, dont il ne s'était jamais démis officiellement.

cesser de pourvoir aux exigences du service commercial, qui n'avait rien perdu de son activité, et aussi pousser plus vivement que jamais les travaux de la section inachevée. Elle fut livrée à la circulation le 16 avril 1855, plusieurs mois avant la fin de la guerre, et put servir lors du retour des vainqueurs de Sébastopol.

Talabot vit aussi compléter l'une des grandes œuvres de sa jeunesse par la construction de l'embranchement d'Alais à Bessèges et Trélys, qui plaçait les produits houillers du bassin de la Cèze dans des conditions d'exploitation aussi favorables que ceux de la Grand'Combe. La concession de cet embranchement avait été faite dès le mois de juin 1854 à une Compagnie particulière, organisée sous l'influence de Talabot. L'exécution de cette petite ligne, pittoresque à l'excès, offrait des difficultés continues. Des tranchées, des tunnels nombreux y alternent avec des passages en corniche, pendant lesquels on jouit de trop courtes échappées sur des paysages grandioses, d'une sévérité lugubre. Les obstacles redoublent dans la dernière partie du trajet, entre Saint-Ambroix et Bessèges. Le chemin remonte la gorge tortueuse de la Cèze, qui se rétrécit tellement qu'il a fallu, dans plusieurs endroits, établir la voie à mi-côte, sur des murs de soutènement. Toutefois, les travaux, commencés en 1855, furent poussés avec une telle vigueur que la ligne principale d'Alais à Bessèges fut ouverte à la circulation dès le 1er décembre 1857. Le petit embranchement de Trélys, concédé seulement en juin 1857, fut ouvert le 15 mars 1858.

Dans cette âpre contrée, l'établissement des voies ferrées a précédé et rendu presque inutile celui des routes de terre. Avant 1857, le transport des charbons de Bessèges à Alais coûtait deux tiers de plus qu'aujourd'hui; ce qui suffisait pour leur interdire l'accès du littoral. Aussi la moyenne annuelle de l'extraction ne dépassait pas 70,000 tonnes. Elle est bien plus que décuplée aujourd'hui, malgré la profondeur des fosses. Bessèges, qui n'était encore qu'un village dépendant de la commune de Robiac; la Grand'Combe, qui n'était pas même un hameau, sont présentement des villes de 10 à 12,000 âmes. Sur une étendue de 5,000 hectares, le canton de Bessèges, composé seulement de cinq communes, a maintenant une population de près de 20,000 habitants. Ce sont bien là pourtant ces montagnes tant de fois ensanglantées, du seizième siècle au dix-huitième, par des luttes fratricides. « Quel état! et quel état [1] ! »

[1] L'arrondissement d'Alais, et particulièrement les environs de la Grand'Combe et de Bessèges (Robiac, Molières, Saint-Ambroix, la Levade, etc.), ont été le principal théâtre des

Promoteur de cette heureuse transformation, Talabot en favorisa ensuite le développement de tout son pouvoir. Bessèges lui dut la conclusion d'un traité par lequel la Compagnie Paris-Lyon-Méditerranée se chargeait pendant dix ans d'exploiter cet embranchement, moyennant un prélèvement modéré sur le produit des mines. A l'expiration de ce traité, une fusion complète a eu lieu. Cette solution, avantageuse pour les deux Compagnies, était encore due à Talabot. Aussi sa mémoire n'est pas moins en honneur à Bessèges qu'à la Grand'Combe.

Le directeur actuel de ces mines (1885) est M. Chalmeton, l'un des anciens élèves et des amis les plus dévoués de Talabot. Ce grand établissement industriel est dirigé avec une habileté remarquable, et une sollicitude des mieux entendues pour les ouvriers. Les institutions fondées en leur faveur par la Compagnie méritent d'être proposées comme modèle. Les caisses de secours et de retraite sont alimentées concurremment par des retenues sur les salaires, et par des subventions égales au montant de ces retenues, subventions que fournit la Compagnie. « Elles sont administrées par un conseil composé d'ouvriers élus

insurrections, plutôt religieuses que politiques, de 1790 et 1792. (Camp de Jalès.) V. l'ouvrage de M. E. Daudet, et les articles de M. Brugal dans la *Revue de la Révolution*.

par leurs camarades, à raison de un par cinquante et auxquels il est attribué des jetons de présence, et d'un nombre égal d'employés désignés par la Compagnie. Mais, en réalité, les employés s'abstiennent souvent de voter, *de sorte que ce sont bien les ouvriers eux-mêmes qui distribuent les fonds comme ils le jugent convenable.* » Il existe aussi une société coopérative de consommation. La Compagnie fournit gratuitement les magasins, et avance les capitaux nécessaires pour l'achat des marchandises. Le public ne peut acheter qu'en payant comptant ; l'ouvrier seul obtient crédit (jusqu'à la prochaine paye). Enfin « le bénéfice réalisé par la vente est distribué à la fin de l'année entre tous les ouvriers, proportionnellement aux sommes dépensées par chacun d'eux en achat de marchandises ». La direction de cette société sera prochainement confiée aux ouvriers élus.

Ces institutions philanthropiques et libérales sont la meilleure sauvegarde contre toute propagande anarchique [1].

[1] *Note sur les institutions fondées par la Compagnie houillère de Bessèges* (1884). — Disons encore qu'elle a pris à sa charge exclusive le service médical et celui des écoles. Elle avait d'abord confié celles-ci à des laïques. Mais, les résultats n'ayant pas été satisfaisants, la Compagnie les a remplacés avantageusement par des Frères et des Sœurs. Il y avait, à la fin de 1883, dix-sept Frères et vingt Sœurs pour 1,366 enfants.

XXIII

Convention du 11 avril 1857. — Fusion des réseaux Paris-Lyon et Lyon-Méditerranée, convenue en principe, sauf le maintien nominal de deux administrations distinctes pour les sections Nord et Sud jusqu'en 1862. — A la même date, traité de partage du Grand-Central entre la nouvelle Compagnie P. L. M. et celle d'Orléans, dirigée par Didion.

Depuis les premières applications sur une vaste échelle du système de fusion en 1852, l'extension de ce système à l'ensemble des communications entre Paris et la Méditerranée et leurs annexes n'était plus qu'une question de temps. Elle s'accomplit, comme on sait, en 1857. Dans cet intervalle de cinq ans, la Compagnie de Paris-Lyon avait obtenu la concession de divers chemins latéraux, notamment ceux de Dijon-Besançon-Belfort, avec embranchement d'Auxonne à Gray. D'autre part, un décret du 7 avril 1855 avait ordonné l'exécution d'un second chemin de fer de Paris à Lyon par le Bourbonnais, dont la concession était faite collectivement aux trois Compagnies de Paris à Lyon, du Grand-Central et de Paris à Orléans.

La même année, Talabot avait renforcé le réseau Lyon-Méditerranée, son œuvre personnelle et immédiate, en concluant un traité de fusion avec la Compagnie qui venait d'obtenir, en 1853, la concession du chemin de fer de Lyon à Genève, avec communication directe sur Paris par l'embranchement Ambérieux-Bourg-Mâcon. Cette fusion ne devait s'accomplir toutefois que deux ans après la mise en exploitation de la ligne entière Lyon-Genève. Il y eut, dès l'origine, une entente parfaite entre les chefs des deux Compagnies, et l'on cesse d'en être surpris quand on voit que plusieurs des notabilités financières du temps figuraient dans l'un et l'autre conseil d'administration; par exemple le vicomte Benoist d'Azy, Bartholoni et M. Blount [1]. Ces deux derniers étaient et restèrent toujours des amis dévoués de Talabot; Bartholoni lui avait prêté, dans une large mesure, son appui financier lors de ses premières entreprises. Blount lui avait également rendu d'importants services dans plus d'une circonstance difficile, notamment pendant la détresse de la ligne Avignon-Marseille.

Il existait donc, en 1857, comme on vient de le voir, entre Paris-Lyon et la Méditerranée, trois lignes adoptées, concédées et en cours d'exécu-

[1] Aujourd'hui encore (1886) président du conseil d'administration de la Compagnie de l'Ouest.

tion : celles de Paris à Lyon par Dijon et de Lyon à Marseille avec leurs embranchements, et celle de Paris à Lyon par le Bourbonnais. Dès le commencement de cette année, toutes les questions d'intérêts respectifs entre les parties intéressées ayant été mûrement débattues et amiablement résolues, le traité de fusion entre les deux Compagnies Paris-Lyon et Lyon-Méditerranée fut passé le 11 avril 1857, et approuvé le même jour [1], ainsi que le cahier des charges et un autre traité entre les deux Compagnies fusionnées et celle d'Orléans, dont le directeur, depuis 1852, n'était autre que Didion. C'est ainsi que « le hasard des circonstances ou plutôt l'enchaînement logique des faits avaient rapproché, à Paris, les deux amis, qui, de 1832 à 1845, avaient fait à Nîmes leurs premières armes dans la construction et l'exploitation des chemins de fer. Ils reprenaient alors sinon la vie commune de la jeunesse, au moins une communauté d'efforts, une collaboration qui, pour n'être pas aussi directe et aussi continue, n'en devait pas moins être utile et féconde. » (NOBLEMAIRE, *op. cit.*) Le traité de 1857 stipulait et réglait le partage des lignes et concessions du Grand-Central, entreprise malencontreuse qui,

[1] L'article 3 de ce traité mentionnait l'adhésion de la Compagnie Lyon-Genève, donnée aussi le même jour par traité séparé.

entre ces deux Compagnies viables et déjà puissantes, eût été le pot de terre entre deux pots de fer. En vertu de l'une des clauses de cet arrangement, la nouvelle Compagnie P. L. M. devenait seule et unique propriétaire de la seconde ligne Paris-Lyon par le Bourbonnais. Un autre article auquel nous avons déjà fait allusion mettait dans son lot les chemins archaïques de Saint-Étienne à Andrezieux, Roanne et Lyon, que Talabot s'empressa de refaire de fond en comble, « condition indispensable, disait-il, pour les rendre excellents ». (V. ci-dessus, § VI.)

L'article 6 des statuts de la nouvelle Compagnie attestait la légitime sollicitude de Talabot pour ceux qui l'avaient assisté dans ses premières entreprises, et n'avaient jamais cessé d'avoir foi en lui, au milieu des plus rudes épreuves. Le fonds social de la ci-devant Compagnie Lyon-Méditerranée se composait de 90,000 actions, qui, conformément à cet article 6, furent échangées contre des actions de la nouvelle Compagnie P. L. M., à raison de deux de celles-ci pour une ancienne. De plus, il était attribué aux porteurs de ces actions anciennes, ainsi qu'aux actionnaires du ci-devant Paris-Lyon, un privilége de souscription sur une nouvelle émission de titres, dans la proportion d'une action nouvelle de cette catégorie pour cinq actions anciennes.

Cette part faite aux actions Lyon-Méditerranée dans la fusion était justifiée par leur valeur réelle, qui s'accroissait d'ailleurs en raison de leur petit nombre. Talabot eut besoin de toute son habileté pour faire admettre ces actions dans la nouvelle combinaison pour un prix correspondant à cette valeur réelle, stipulation qui pourtant ne constituait pas un privilége en leur faveur. Elle n'était que conforme à la plus stricte équité.

L'auteur d'un écrit que nous avons déjà cité plus d'une fois a parfaitement fait ressortir les avantages de ce système, à l'application duquel Talabot eut si grande part, non-seulement pour les voies ferrées du sud-est, mais pour tout le reste du réseau national. « L'avenir de ce réseau était en jeu; la fâcheuse expérience des concessions morcelées et des petites Compagnies avait donné les fruits qu'on pouvait en attendre; la leçon était complète! Le gouvernement eut la sagesse d'en profiter, et de l'heureuse entente du ministre avec les principales Compagnies naquit la concentration entre les mains de six grandes Sociétés du réseau construit et à construire. Les critiques ne sont pas aujourd'hui ménagées à ce système; l'envie n'épargne aux grandes Compagnies ni les reproches violents, ni les calomnies. Quoi qu'elle fasse, il y a un certain nombre de vérités désormais démontrées. C'est, d'une part, que ce système [1] a doté la France d'un réseau déjà très-serré de voies rapides, qui va se complétant chaque année avec une régularité que la guerre de 1870-71 n'a que momentanément interrompue. C'est, d'autre part, que les Compagnies ont su réaliser le programme, souvent ultra-libéral, de leurs concessions, non-seulement sans semer de ruines autour d'elles, mais sans secousse pour leur crédit ou pour la fortune publique. C'est enfin qu'elles sont arrivées à procurer au pays un service de transports qui réunit les avantages souvent opposés de vitesse, de sécurité et de bon marché. Il y a là un résultat qui est plus équitablement apprécié à l'étranger qu'en France [2]. »

Cette opinion était aussi celle des écrivains contemporains les plus indépendants. L'auteur de l'*Annuaire des Deux Mondes* pour 1857 mentionnait avec éloge « ce remaniement effectué dans la constitution du réseau, la tendance du gouvernement à concentrer le plus possible l'administration des chemins de fer, à faire disparaître les petites Compagnies en les réunissant aux grandes, enfin à fusionner ces dernières autant que possible ». Il approuvait spécialement

[1] Complété et fortifié par l'établissement du régime des conventions, dont nous parlerons tout à l'heure.

[2] *Notice sur Audibert*, p. 7.

la dernière et la plus importante application de ce système, la loi du 19 juin 1857, qui venait de faire du Paris-Lyon et du Lyon-Méditerranée une seule et même Compagnie, de partager entre elle et la Compagnie d'Orléans les lignes et concessions du Grand-Central, etc.

A la fin de 1857, l'étendue du réseau Paris-Lyon-Méditerranée, devenu le plus considérable des réseaux français, était portée à 4,010 kilomètres, tant exploités que concédés. Il s'accrut encore l'année suivante de 254 kilomètres, par un traité de fusion avec la Compagnie des chemins du Dauphiné.

XXIV

Nouvelle crise de l'industrie des chemins de fer, conjurée par les conventions de 1859. — Explication, avantages de ce système; concours prêté à son établissement par Talabot et Didion. — Danger d'abuser de ce précieux instrument de progrès.

La situation générale des chemins de fer français à cette époque offre une certaine analogie avec l'état de choses actuel. Alors comme aujourd'hui, le gouvernement était entraîné par des considérations politiques à doter tout de suite ou à bref délai des régions jusque-là négligées de lignes pour longtemps improductives. Le moyen le plus naturel, le plus économique d'atteindre ce but, était de confier l'exécution de ce deuxième réseau aux grandes Compagnies. C'était le corollaire, la rançon, en quelque sorte, du monopole des chemins productifs, et des avantages du fusionnement.

Le gouvernement impérial, qu'on accuse aujourd'hui d'avoir trop favorisé les Compagnies, commit d'abord la faute inverse, celle de les surcharger. Dans cette seule année 1857, quand il n'y avait encore en France que 6,875 kilomètres exploités, « le gouvernement ajouta 4,213 kilomètres de voies nouvelles aux concessions des Compagnies, ce qui en éleva le total à plus de 16,000 kilomètres ». Plus du quart de ces nouveaux chemins *concédés* (sinon imposés) *sans subvention ni garantie* étaient échus à la Compagnie Paris-Lyon-Méditerranée ; — 1,203 kilomètres, à construire dans des régions pour la plupart non moins pauvres qu'accidentées. Elle devait notamment exécuter à ses frais, risques et périls, les embranchements d'Alais à Brioude, de Privas, d'Avignon à Gap, le prolongement de Toulon à Nice, etc. (Art. 9 de la convention du 11 avril.)

Par suite de cette augmentation de charges, en ne tenant compte que des lignes nouvelles concédées aux grandes Compagnies *définitivement*, c'est-à-dire devant être exécutées dans un délai maximum de huit ans, les dépenses à effectuer à leurs risques et périls sur ces lignes étaient évaluées à plus de *deux milliards* [1]. C'était quelque chose alors ; aussi l'opinion publique

[1] Delombre, *op. cit.*, p. 148. Jusque-là (fin de 1857), d'après les renseignements authentiques reproduits par M. A. Picard dans son grand ouvrage sur les chemins de fer, l'État avait dépensé pour les chemins 779 millions ; les compagnies, 3 milliards 266 millions, en tout un peu plus de 4 milliards.

s'en émut. On pensa généralement que les Compagnies avaient assumé un fardeau au-dessus de leurs forces, en se chargeant de tant de lignes secondaires, la plupart improductives pour longtemps, sans subvention ni garantie. Cette inquiétude, exploitée par la spéculation, détermina une véritable panique. Les titres des Compagnies subirent une dépréciation marquée. Pour les tirer d'embarras, il eût suffi d'ajourner ces travaux, mais le gouvernement ne l'entendait pas ainsi. Il voulait le strict accomplissement des promesses faites aux populations à propos de ce deuxième réseau, qui d'ailleurs n'était pas d'intérêt exclusivement politique ou électoral.

Il fallait donc, pour assurer la continuation des travaux, alléger le fardeau des Compagnies, sans trop surcharger l'État, c'est-à-dire les contribuables. Ce problème fut heureusement résolu par les conventions de 1859.

La guerre ouverte, déclarée depuis 1878 aux grandes Compagnies, et poursuivie avec des insuccès variés, a eu du moins l'avantage de vulgariser l'étude trop négligée des questions de chemins de fer, et en particulier celle du régime des conventions, qu'on prétendait détruire. Nous ne saurions mieux faire que de reproduire ici l'explication à la fois lucide et concise qu'en a donnée M. Noblemaire :

« La réorganisation du ministère des travaux publics avait appelé à la direction générale des chemins de fer un des plus fidèles amis de Talabot et de Didion, M. de Franqueville, celui de leurs camarades dont ils estimaient le plus la vive intelligence, le caractère aimable, l'esprit ouvert et conciliant [1]. Depuis cette époque, aucune grande mesure n'a été prise, aucune réforme n'a été faite dans l'organisation des chemins de fer en France, qui n'ait été, à des degrés divers, l'œuvre commune de ces trois maîtres...

« C'est à leur commune collaboration qu'on doit l'œuvre de 1859. Les réseaux concédés sont divisés en deux. Dans l'ancien réseau sont classées les lignes déjà exploitées, et celles des lignes en exécution dont le revenu paraît le plus assuré... Non-seulement ce réseau vivra par lui-même, mais il devra venir en aide aux lignes improductives, dont l'ensemble forme ce qu'on appelle le second réseau.

« Pour faciliter l'achèvement de ce dernier, l'État prend à sa charge une partie du capital d'établissement, et lui alloue, à fonds perdu,

[1] Franqueville (Franquet de), né à Cherbourg, en 1809, admis en 1827 à l'École polytechnique, dont il sortit le premier de sa promotion; chef de la section de navigation en 1838, chef de division et ingénieur en chef de première classe en 1840, directeur des ponts et chaussées et des chemins de fer en 1855, conseiller d'État en 1857. Mort en 1875.

d'importantes subventions. Mais, eussent-elles atteint la totalité de ce capital, elles n'auraient pas suffi pour rendre bonnes par elles-mêmes des lignes dont la plupart ne devaient pas même couvrir leurs frais d'exploitation. Aussi le gouvernement ajoute, pour toute la portion du capital que les Compagnies consacreront à l'exécution du nouveau réseau et pour une période de cinquante ans, une garantie d'intérêts qui, elle, ne constituera qu'une simple avance, et que les Compagnies devront ultérieurement lui rembourser, intérêts et principal. De plus, pour tenir compte de l'accroissement de produits que devra sans doute assurer à l'ancien réseau l'établissement des lignes par elles-mêmes improductives du nouveau, il décide que l'ancien réseau contribuera à alléger le montant de la garantie promise au nouveau, en déversant sur lui tout l'excédent de ses produits nets au delà d'une certaine limite..., qui constitue le revenu réservé de l'ancien réseau.

« Si le pays est, et doit être, insatiable dans ses demandes, c'est le devoir des gouvernants de mesurer aux efforts possibles la satisfaction à donner à d'incessantes exigences. A ce devoir, le gouvernement d'alors n'a pas failli ! Ce problème redoutable, il l'a résolu par cette formule célèbre si souvent citée, si souvent mal comprise, bien qu'elle soit aussi simple que rationnelle, à laquelle restera justement attaché le nom de Franqueville... »

A cette définition nous croyons devoir joindre, comme corollaire, les considérations suivantes, empruntées à l'un des écrivains qui ont fait le mieux ressortir le mérite de cette combinaison, dite du *déversoir*, au point de vue philosophique et *démocratique*, dans la meilleure acception de ce mot :

« Par suite de la solidarité ainsi établie entre l'ancien et le nouveau réseau, la nation était admise à participer à la jouissance des anciennes et excellentes lignes... Au lieu de se changer uniquement en dividendes pour les actionnaires, les excédents de recettes de ces lignes (déduction faite du produit réservé) recevaient comme destination l'extension graduelle des chemins de fer en France. » Grâce à cette combinaison, l'État avait réussi à transformer l'exploitation des grandes Compagnies en une entreprise essentiellement nationale. « Et tel est bien le caractère que doivent avoir les chemins de fer. La seule combinaison harmonique des voies ferrées, c'est que les lignes prospères fassent participer les lignes pauvres à leur crédit et à leur sécurité, et que celles-ci, en retour, leur servent d'affluents. Dans ce système, nulle force égarée ni perdue. Tant qu'un chemin de fer suffit pour rendre les services auxquels il est destiné, on regarderait comme une faute grossière de lui enlever, par la création d'une ligne rivale, une partie de ses recettes. Ce serait priver d'autant des localités intéressantes, retarder la naissance de voies réellement utiles, de lignes vraiment nouvelles. La liberté des voies ferrées n'est qu'une utopie dangereuse, expérimentée dans les pays les plus libres, et condamnée par eux [1]. La France a été assez heureusement inspirée pour éviter ces expériences, et pour entrevoir, dès le début de ses chemins de fer, tout le parti que l'on pourrait tirer de leur solidarité. L'auteur des conventions a trouvé la formule pratique de ce principe d'union. Elles ont transformé les grandes Compagnies en véritables sociétés d'assurances contre les pertes des chemins improductifs [2]. »

Les chefs et les actionnaires des grandes Compagnies surent comprendre que « l'exploitation des chemins de fer n'était pas une industrie qu'on pût gouverner seulement en vue des profits des

[1] Notamment aux États-Unis, où l'abus de cette liberté a été le plus grand. Si « la France a évité ces expériences », ce n'est pas que l'envie de les faire ait manqué à certains Français, ainsi qu'on le verra tout à l'heure par les luttes que Talabot eut à soutenir pour empêcher l'envahissement de son réseau.

[2] *Petites et grandes compagnies.*

bailleurs de fonds originaires ; — qu'une fois leurs intérêts légitimes sauvegardés, il fallait tenir compte de l'intérêt national. » (*Id.*) Il est vrai que leurs sacrifices n'étaient pas sans compensation. Ils en trouvaient déjà une assez belle dans la clause qui les relevait des engagements antérieurs, relatifs aux lignes secondaires, contractés sans garantie d'intérêt [1].

Les conventions souscrites par Talabot et ses collègues n'étaient donc pas des capitulations, — nom qu'on a justement appliqué à certains traités ultérieurs, — mais bien des transactions librement consenties, dans lesquelles la limitation des bénéfices avait pour contre-partie la sécurité. La « grande attraction » des conventions Franqueville fut surtout cette clause de garantie, qui, comme on l'a dit fort justement, « adossait le crédit des Compagnies au crédit de l'État ». Le seul droit éventuel à cette garantie était déjà un appui moral considérable ; et cet appui moral a longtemps suffi aux Compagnies du Nord et de la Méditerranée, qui n'ont pas eu besoin de deman-

[1] « Sont abrogées celles des dispositions des articles 7 et 8 de la convention du 11 avril 1857, desquelles il résulte que la Compagnie accepte, *sans garantie d'intérêt,* les concessions faites par lesdits articles. » (Art. 9 de la convention des 22 juillet 1858 et 11 juin 1859 avec la Compagnie P. L. M.) Cette clause se retrouve dans les conventions faites avec les cinq autres Compagnies.

der des avances effectives à l'État, jusqu'à ces derniers temps.

On peut donc dire que la collaboration incontestable de Talabot et de Didion à l'établissement du régime des conventions est un des grands services qu'ils ont rendus au pays [1]. De plus, c'est au moyen d'émissions multipliées d'obligations de 300 francs que les Compagnies ont pu se procurer facilement les capitaux nécessaires pour remplir leurs engagements. Ce type d'emprunt, conçu par Talabot, fut donc un des plus puissants auxiliaires du système. Les deux combinaisons se prêtaient un appui mutuel. La clause de garantie d'intérêt avait l'immense avantage d'encourager, en quelque sorte indéfiniment, ce mode de souscription populaire, en inspirant une entière et légitime confiance à l'épargne.

Les détracteurs les plus acharnés du régime des conventions avouent « qu'il a rendu des services » . La vérité est qu'il n'a pas cessé d'en rendre. C'est grâce à lui que les Compagnies ont pu, en 1863, 1868, 1875, suffire aux exigences insatiables de l'État, supporter le fardeau croissant de nou-

[1] Talabot eut, à cette occasion, de longues et nombreuses conférences avec le directeur général. Mais toutes leurs communications furent verbales. Du moins, aucune trace écrite n'en a été retrouvée, ni dans les papiers de Talabot, ni dans ceux de Franqueville, où son fils a bien voulu en faire pour nous la recherche.

velles lignes, de plus en plus mauvaises. Aujourd'hui, ce mécanisme subit une nouvelle et plus rude épreuve, par suite des conventions de 1883 et des réductions simultanées de tarifs, si bien que la diminution des recettes coïncide avec une augmentation notable de dépenses. Aussi, trois Compagnies sur quatre qui avaient commencé le remboursement des avances faites pour la garantie d'intérêt, sont forcées d'y recourir de nouveau, et la Compagnie Paris-Lyon-Méditerranée est, pour la première fois, obligée d'en faire autant. N'est-il pas temps, plus que temps d'enrayer sur cette pente? On a dit que « le monopole des grandes Compagnies n'était autre chose que *le droit des lignes improductives à l'existence*, le moyen de n'assigner d'autres bornes à l'exécution des voies pauvres, que celles de la richesse des chemins prospères, en un mot, le plus merveilleux instrument de progrès qu'un État puisse avoir pour ses chemins de fer ». Rien de plus vrai; mais aujourd'hui n'a-t-on pas demandé à ces « chemins prospères » tout ce qu'ils pouvaient donner, voire davantage? Oublie-t-on qu'il n'est pas d'instrument si parfait, de machine si solide, qui ne risque d'éclater, par suite d'une tension ou d'une pression exagérées?

Effrayé de la violence croissante du mouvement révolutionnaire, dont il avait été l'un des plus ardents promoteurs, Barnave s'écriait en 1791 : « Nous avons détruit tout ce qui était à détruire ! » En fait de chemins de fer, n'avons-nous pas, nous, construit (et par delà) tout ce qui était à construire ?

XXV

Transport mémorable de l'armée d'Italie par la Compagnie P. L. M., en 1859. — Fusion définitive en 1862; Talabot devient directeur général. — Convention du 1er mai 1863; nouvelles concessions acceptées par Talabot. — Son heureuse résistance à diverses tentatives d'empiétement sur son réseau, et à l'établissement d'une concurrence de Calais à Marseille.

Cette année 1859 est une date mémorable, à plus d'un titre, dans l'histoire de la Compagnie Paris-Lyon-Méditerranée et de ses chefs. En même temps que ceux-ci discutaient et arrêtaient les articles de la nouvelle Charte des Compagnies (le régime des conventions), ils concouraient, par leur activité patriotique, au succès des armes françaises en Italie, et donnaient un exemple mémorable de l'emploi des chemins de fer en temps de guerre.

Dans l'espace de quatre-vingt-six jours, du 10 avril au 15 juillet 1859, 227,669 hommes et 36,357 chevaux furent expédiés directement vers le théâtre de la guerre par la grande ligne Paris-

Méditerranée. Les mouvements les plus considérables eurent lieu du 20 au 30 avril. Pendant cette période on transporta chaque jour, en moyenne, 8,241 hommes et 512 chevaux. Le 25 avril, on alla jusqu'à 12,148 hommes et 655 chevaux, maximum qui n'a été dépassé dans aucune guerre jusqu'en 1870. Pendant ce transport il circula sur la ligne, *sans aucun accident,* 2,636 trains, dont 253 trains militaires spéciaux. Enfin, on a calculé que les 75,996 hommes et les 4,169 chevaux transportés en dix jours, du 20 au 30 avril, en auraient mis soixante pour faire le même trajet par étapes. On avait donc obtenu une vitesse sextuple par l'emploi du chemin de fer, et bien à propos, car la situation du Piémont était déjà fort critique à la fin d'avril, quand apparurent les premières troupes françaises. On voit combien a été grande l'influence de cette célérité sur les événements, puisque les armées alliées ont pu opérer leur jonction, livrer les combats de Montebello, de Palestro, la bataille de Magenta, pendant le temps que nous avait fait gagner le transport par les voies ferrées.

Ce transport de 1859 est encore cité comme l'un des types les plus accomplis des opérations de ce genre. L'honneur en revient, en grande partie, à Talabot et à Audibert.

L'année 1862 vit disparaître la ligne de démarcation transitoire entre les sections Nord et Sud. Conformément à l'article 30 des statuts, le nombre des administrateurs fut réduit à trente, et il n'y eut plus pour le réseau entier qu'un seul directeur général. L'ensemble de ces lignes définitivement fusionnées constituait la plus vaste entreprise de ce genre qui eût été jusque-là réunie dans les mêmes mains. La direction supérieure de l'exploitation du réseau entier fut confiée *au plus digne,* à Audibert. Il y avait là une tâche d'unification à accomplir, œuvre singulièrement délicate et complexe, qu'Audibert exécuta avec un succès complet [1].

L'année suivante, par une nouvelle convention dont Talabot avait de longue main préparé les éléments, sa Compagnie accepta, moyennant subvention et garantie d'intérêts, un supplément de concessions, qui portèrent l'étendue du réseau de 4,404 kilomètres à 5,806. Cette augmentation s'appliquait à presque toutes les parties du réseau. Plusieurs de ces embranchements étaient imposés d'urgence par l'annexion de la Savoie et de Nice, notamment celui du Var à la nouvelle frontière d'Italie (Vintimille), qui, par cette raison, devait être exécuté dans le délai de trois

[1] Cette position le mettait à la tête d'une véritable armée de plus de 30,000 travailleurs de tout ordre, dont Audibert su se faire aimer et obéir.

ans. Le même avantage de priorité était conféré à deux autres lignes, celles de Marseille à Aix et d'Arles à Lunel. La première était une indemnité promise depuis longtemps à l'ancienne capitale de la Provence, à laquelle Talabot avait enlevé, dans l'intérêt général, le bénéfice du passage de la grande communication Marseille-Lyon-Paris, en faisaient adopter le tracé par la vallée du Rhône. (V. ci-dessus § 7.) Quant à la ligne d'Arles à Montpellier, par Lunel, sa prompte exécution était la suite du vif débat qui venait d'avoir lieu à propos de la demande de concession, faite au mois d'août 1861 par la Compagnie du Midi, d'un chemin direct de Marseille à Cette, par le littoral. Cette demande avait été énergiquement combattue par Talabot. Il condamnait, en thèse générale, ces empiétements d'une Compagnie sur le domaine de l'autre, à plus forte raison sur celui de la Compagnie qu'il dirigeait. Des intérêts locaux importants étaient en jeu de part et d'autre dans ce débat. Le conseil général de l'Hérault s'était prononcé vigoureusement en faveur du projet, repoussé non moins vigoureusement par le conseil général du Gard, dont Paulin Talabot faisait partie. A Marseille, le conseil municipal et la chambre de commerce avaient été également unanimes, le premier *pour*, l'autre *contre* le projet.

Le gouvernement donna satisfaction au droit de la Compagnie P. L. M. Il ne jugea pas qu'il y eût lieu d'autoriser la construction du chemin de fer direct de Cette à Marseille par le littoral. Mais, en compensation, il exigea la construction à bref délai de la ligne d'Arles à Montpellier par Lunel, et introduisit dans la convention de 1863 des clauses qui assuraient au public, sur la communication de Cette à Marseille, les avantages dont il aurait joui sur un chemin direct [1].

D'autres tentatives du même genre devaient échouer contre l'inflexible résistance de Talabot, conforme à l'intérêt public, aussi bien qu'à celui de la Compagnie qu'il dirigeait. Il eut notamment à combattre, plus d'une fois, des demandes d'établissement d'une ligne directe de Calais à Marseille. Le plus violent de ces assauts eut lieu en février 1873, devant l'Assemblée nationale. Ce projet de concurrence avait rallié une assez forte minorité dans la commission d'enquête parlementaire sur le régime de nos voies de transport. L'un des membres de cette minorité adjurait ses

[1] Par l'article 5 de cette convention, la Compagnie P. L. M. s'engageait à réduire à 160 kilomètres (longueur qu'aurait eue le chemin direct) le nombre de kilomètres soumis aux tarifs pour les voyageurs et les marchandises à destination ou en provenance du réseau de la Compagnie sur Marseille; à établir des trains sans transbordement de Marseille sur Cette, Toulouse et Bordeaux, etc.

collègues de ne pas se laisser enchaîner par de *vieilles combinaisons,* arrêter par des *considérations secondaires* (!) *et des difficultés de détail.* « En voyant, disait-il, dans le présent, et encore plus dans un avenir prochain, cet immense courant de voyageurs et de marchandises qui afflue déjà et ira toujours en s'augmentant à travers les plus riches contrées de notre France, entre la Méditerranée et la Manche, nous sommes convaincu qu'il y a place pour toutes les entreprises. » En concluant contre ce projet, le rapporteur de la commission (M. Cézanne) eut le courage de rendre justice au système des conventions, œuvre du régime précédent. « Reconnaissons, dit-il, que la marche suivie dans le passé a présenté des avantages assez considérables pour faire accepter quelques inconvénients. Qui donc aurait pu se charger de tant de lignes improductives, sinon ces Compagnies puissantes? Si l'on s'en était tenu au régime du laisser-faire que l'on réclame aujourd'hui, on aurait peut-être, il est vrai, trois lignes se partageant le trafic de Paris à Marseille. Mais qui donc aurait construit ces 2,800 kilomètres de lignes improductives, sur lesquelles la ligne actuelle de Paris à Marseille déverse annuellement un tribut de 50 millions? »

Ce projet de concurrence fut repoussé à une grande majorité. Mais, pour prévenir le retour de tentatives semblables, Talabot accepta la concession du second chemin de la vallée du Rhône, celui de Lyon à Nîmes, par la rive droite du fleuve, dont il ne s'éloigne qu'à la hauteur d'Avignon. Cette ligne est parallèle à la grande ligne Lyon-Marseille, et vit surtout à ses dépens. Mais cet inconvénient est bien compensé par l'avantage d'empêcher l'établissement d'une voie concurrente, qui n'eût été possible que dans cette direction.

XXVI

Autres entreprises de Talabot. — Les docks de Marseille. — Les chemins de fer de l'Algérie. — Les mines de Mokta-el-Hadid. — La Société des transports maritimes.

Talabot était déjà plus que sexagénaire à l'époque où il « couronnait son œuvre maîtresse par la fusion définitive du réseau Lyon-Marseille avec le réseau Paris-Lyon ». Mais il n'avait rien perdu de son activité juvénile. Parmi les grandes et utiles entreprises de sa vieillesse, il faut citer au moins la création des docks de Marseille ; l'établissement des chemins de fer de l'Algérie ; la fondation, dans cette colonie, de la Société dite Algérienne ; de celle des transports maritimes, et surtout de celle des mines de Mokta-el-Hadid, l'une de ses œuvres de prédilection.

Par la création des docks, il a eu grande part à la transformation de Marseille, l'une des plus prodigieuses de notre siècle. « Ceux qui ont vu Marseille en 1815, écrivait Edmond About il y a vingt-cinq ans, en parlent comme d'une succursale du Grand-Désert. Sa population ne s'élevait qu'à 90,000 habitants, mourant de faim[1]. Aujourd'hui, si l'on y ajoute la population flottante, les étrangers, elle se monte à près de 290.000 âmes. » Depuis cette époque, et nonobstant les péripéties politiques, ce progrès n'a cessé de s'accentuer d'année en année. En 1876, la population *fixe* de Marseille atteignait déjà le chiffre de 320,000 âmes, et ce nombre n'a fait qu'augmenter depuis.

Dès 1854, le gouvernement avait cédé à cette ville l'ancien Lazaret, et les terrains conquis ou à conquérir sur la mer, c'est-à-dire tous ceux qu'occupent aujourd'hui les trois nouveaux bassins, la ville neuve, la gare maritime, les quais et les docks. Le périmètre de ces derniers comprend, à lui seul, environ 18 hectares. (Décret du 23 août 1860.) Cet espace est occupé maintenant par la gare maritime, que l'embranchement de la Joliette relie à la grande ligne; et par les docks, divisés en deux parties ou compartiments. Le dock de la *Douane*, inauguré le 1er janvier 1864, comprend, outre les hangars de quai, quatorze magasins pouvant contenir ensemble 75,000 tonnes de marchandises. Celui du *Commerce* peut en contenir la même quantité, répartie dans dix

[1] Il est juste d'ajouter que, dès 1845, grâce à trente années de paix, ce chiffre s'était relevé déjà au-dessus de 150,000

magasins. Ces établissements sont complétés par le bâtiment monumental de l'administration, situé près de la gare maritime, et par un *Entrepôt commercial* pouvant recevoir 80,000 tonnes de marchandises. Près de 3,000 mètres de quais, sillonnés de voies ferrées, mettent les docks de Marseille en communication avec les nouveaux bassins.

Paulin Talabot a pris une part considérable à l'établissement de ces docks, non-seulement par l'empressement qu'il a mis, comme directeur de la Compagnie P. L. M., à faire installer les voies de service, et par des indications utiles pour l'installation et l'aménagement intérieurs, mais par des sacrifices personnels.

Ce fut vers la fin de 1862 qu'ayant enfin accompli pleinement ses vues par rapport à la grande communication Paris-Méditerranée, il se retourna du côté de l'Algérie, et songea à réaliser les projets qu'il avait conçus depuis longtemps pour donner une impulsion (bien nécessaire) au progrès industriel dans cette colonie. « Il aborda cette tâche avec sa résolution et son activité ordinaires. » Les chemins de fer de l'Algérie, trop longtemps différés, furent concédés à la Compagnie P. L. M. Dès 1865 on commençait à poser des rails sur les deux lignes principales : d'Alger à Oran, et de Philippeville à Constantine. Moins de dix ans après, ces deux lignes, d'ensemble 506 kilomètres, étaient déjà en exploitation. Leur construction a été, ou sera prochainement suivie de celle de plusieurs embranchements, d'une importance presque égale au point de vue militaire et commercial, comme le prolongement de la grande ligne du littoral, depuis Alger jusqu'à Tizi-Ouzou, qui donne à cette seule ligne une longueur totale de 525 kilomètres; — l'embranchement qui relie Sidi-bel-Abbès à cette même ligne par la station du Tlélat; celui qui relie les mines de Mokta au port de Bone; la ligne de Bone à Tebessa, etc.

Paulin Talabot vint lui-même en Algérie, en 1867, pour se rendre compte par ses propres yeux de l'état des travaux de chemins de fer, et de la situation des diverses entreprises qu'il avait organisées par correspondance. Le public algérien lui fit un accueil des plus sympathiques, car il comprenait que la colonie allait, grâce à ces entreprises fécondes, entrer dans une voie toute nouvelle [1].

Pendant cette excursion en Algérie, Talabot exprima à plusieurs reprises le regret de n'avoir pu s'occuper plus tôt de cette colonie. Il l'aurait

[1] *P. Talabot,* par M. Parran, directeur de la Compagnie de Mokta. Cette notice, courte mais substantielle, a été publiée à la mort de Talabot, pour rappeler au personnel de ces mines la reconnaissance qu'il doit au fondateur de l'entreprise.

radicalement transformée en peu d'années, disait-il, par l'emploi des chemins de fer à voie étroite. Néanmoins, il a pu encore faire beaucoup pour elle. Tous les hommes compétents et impartiaux s'accordent à reconnaître que « le développement remarquable qu'a pris l'Algérie depuis 1867 doit sa première impulsion à l'initiative de Paulin Talabot ». (*Id.*) L'une de ses créations les plus heureuses dans ce pays a été la Compagnie de Mokta-el-Hadid. Nous empruntons quelques détails sur cette entreprise à M. Parran, choisi par Talabot lui-même pour la diriger, et qui a pleinement justifié sa confiance.

« Ces mines de fer de Bone, concédées dès 1845, étaient renommées pour la qualité de leurs minerais. Mais jusqu'en 1864, faute de débouchés et de moyens de transport, elles n'avaient pu trouver dans la métropole l'écoulement de leurs produits. Les deux hauts fourneaux de l'Alélik, construits sur les bords de la Seybouse, consommaient, il est vrai, quelques milliers de tonnes de minerai, mais leur existence devait être de peu de durée [1].

[1] Une première Société, formée en 1853 pour l'exploitation des minerais de Bone et des hauts fourneaux de l'Alélik, avait envoyé à l'Exposition universelle de 1855 des échantillons de minerai de fer, des fontes, des fers et des aciers en barres. Le rapport du jury sur ces produits de l'Alélik avait été des plus favorables. Mais l'entreprise, mal montée et dépourvue

« Les premières applications à la production de l'acier des procédés Bessemer et Martin, qui devaient bientôt révolutionner la métallurgie, avaient frappé l'esprit pénétrant de Talabot, et lui firent pressentir le parti que les usines françaises devaient tirer des minerais algériens [1]. Réunir en un seul faisceau les mines les plus importantes de Bone, s'assurer la possession dans le Gard de concessions houillères susceptibles de fournir, au besoin, le combustible nécessaire au traitement des minerais : conclure, toutefois, de préférence des marchés avec les usines décidées à adopter les nouveaux procédés, telles furent les vues de P. Talabot, lorsqu'il combina en 1864 la création de cette entreprise... Une année fut nécessaire pour étudier les gisements, réunir le personnel et préparer les marchés. Enfin, à la suite des assemblées des 23 mars et 29 avril 1865, la Société de Mokta-el-Hadid fut définitivement constituée [2]. »

de moyens de transport, ne tarda pas à sombrer. Les hauts fourneaux cessèrent de fonctionner, et l'extraction du minerai était réduite presque à rien, quand l'affaire fut vivement relevée par Paulin Talabot sur une base plus large, et dans des conditions en rapport avec les progrès de l'industrie.

[1] L'un des premiers, Talabot a deviné l'avenir du rail d'acier, et en a fait faire l'essai en grand, sur les lignes du réseau P. L. M.

[2] Parran, *op. cit.*

Ici vient se placer un incident peu connu, digne pourtant d'être rappelé, parce qu'il donne une juste idée de l'habileté pratique de Talabot. Quand il organisa cette Société, sa première idée avait été d'appliquer aussi sur ce terrain le système de fusionnement qui venait de lui réussir si bien dans l'organisation des chemins de fer Paris-Lyon-Méditerranée. Il songeait à réunir, dans une seule et même entreprise, les minerais algériens, les houilles du Gard et la Société des forges et chantiers de la Méditerranée, pour constituer une colossale usine métallurgique. Mais ce projet, connu d'avance, souleva une véhémente opposition de la part des principaux chefs d'établissements de ce genre, notamment de l'habile directeur du Creuzot. Ils prévinrent loyalement Talabot que, s'il organisait contre eux cette redoutable concurrence, il devait s'attendre à les voir se coaliser pour exclure de leurs établissements les minerais algériens. En industrie comme ailleurs, le mieux est souvent l'ennemi du bien, et un ennemi mortel! Talabot le comprit, et renonça à une combinaison qui aurait pu déterminer un conflit dangereux.

Nommé président du conseil d'administration de cette nouvelle Société, Talabot, dit encore M. Parran, avait tenu à avoir sous la main la direction de cette entreprise, qui resta une de ses œuvres de prédilection. Elle avait sa place à l'hôtel de la rue Laffitte, qui fut longtemps, comme on sait, le siége de la Compagnie Paris-Lyon-Méditerranée. Talabot présida les assemblées générales de cette Société jusqu'à l'époque où il fut frappé de cécité, et ne cessa de présider les séances du Conseil d'administration qu'à la fin de 1883.

Ce fut principalement pour assurer des débouchés aux produits des mines de Mokta, dont il venait de réorganiser l'exploitation, que Talabot organisa la Société Algérienne et celle des Transports maritimes, qui a pris depuis un si grand développement. Elle dessert aujourd'hui non-seulement les ports de l'Algérie et de la Tunisie, mais ceux d'Espagne et du Brésil. Toutes ces entreprises, chemins de fer, mines, transports de minerai et de passagers, étaient désignées et presque confondues, en Algérie, sous le nom de Sociétés Talabot. Ce nom, devenu populaire, fut même appliqué à un nouveau type de steamers à quatre mâts, qu'on appela et qu'on appelle encore les *Talabots*.

XXVII

Impulsion donnée par Talabot à la création de la ligne des Apennins, et des chemins sud-autrichiens. — Projet d'amener les eaux du Rhône à Nîmes.

« Le viaduc de Beaucaire suffirait pour immortaliser le nom de Paulin Talabot. Mais il en a exécuté bien d'autres, dont aucun ne porte son nom, et l'on remarque avec peine que la création de la ligne des Apennins lui a donné, en Italie, dans toutes les classes de la population de cette contrée, une célébrité bien plus grande que celle dont il jouit en France [1]. » Cette ligne, à l'établissement de laquelle Talabot a pris part en effet (sans exercer là toutefois la même influence souveraine qu'à la Compagnie P. L. M.), fait suite à celle de Vintimille à Gênes, œuvre du duc de Galliera, qui forme le prolongement de la dernière section du chemin français de la Méditerranée.

Cet ensemble de voies ferrées joint au mérite

[1] *Notes de M. Fargeon.*

de l'utilité celui d'un aspect pittoresque, que n'ont pas toujours les grandes œuvres de l'industrie. C'est de la mer, ou de l'extrémité des promontoires, que produit tout son effet le passage des trains, tantôt serpentant sur les corniches ou franchissant ponts et viaducs, tantôt s'engouffrant, avec un grondement sourd, dans les tunnels dont les ouvertures, s'empanachant de fumées, simulent des bouches de volcans. A ce littoral, l'une des « grandes attractions » du monde civilisé, le chemin de fer a ajouté un charme de plus, celui de l'animation, du mouvement, du bruit même, qui, amorti dans ces vastes espaces, cesse d'être importun et semble le roulement lointain et majestueux d'un orage. A ces attraits poétiques se joint le mérite positif de la facilité d'accès, qui a fait cette région aussi riche que belle en centuplant le nombre des visiteurs.

Les difficultés d'exécution étaient graves et nombreuses. Ce ne sont que tunnels, tranchées rocheuses, ponts, viaducs, corniches entaillées dans le roc, murs de soutènement surplombant l'abîme. En plus d'un endroit, il a fallu recourir à des courbes plus ou moins prononcées pour contourner des obstacles infranchissables.

Mais les plus sérieux se trouvaient rassemblés, accumulés sur la ligne de l'Apennin (Gênes à la Spezzia), dont la dernière section, à partir de

Sestri di Levante, n'a été ouverte qu'en 1874. Dans ce trajet de 88 kilomètres il a fallu percer quatre-vingt-neuf tunnels, d'une longueur totale d'environ 45 kilomètres! Ainsi, plus de la moitié de ce parcours est souterrain, et le reste tout en ponts, viaducs et tranchées. Les ouvrages les plus remarquables de cette ligne sont : à la sortie de Gênes, le viaduc de quarante-huit arches, qui précède le tunnel courbe de San Martino (1,388 mètres), creusé dans la colline sur laquelle s'élève le village de San Martino d'Albaro, position célèbre dans l'histoire du siége de Gênes, en 1800; — à Bogliasco, le pont-viaduc de quatorze arches (six de 6 mètres, et huit de 18 mètres d'ouverture), qui franchit, à une très-grande hauteur, le torrent du même nom; — à quelques kilomètres plus loin, le pont hardiment jeté au-dessus de l'anse de Buontempo; puis le pont-viaduc du Molinetti (cinq arches de 12 mètres), et celui du Recco, plus remarquable encore, qui n'a pas moins de dix-neuf arches de 13 mètres, divisées en deux parties inégales par une grande arche de 30 mètres d'ouverture; — le tunnel de Ruta (3,047 mètres), le plus considérable de la ligne; — le viaduc, long de 117 mètres et composé de cinq grandes arches, sur le Zoagli et le golfe du même nom; — le pont métallique, long de 100 mètres, en quatre travées, sur l'Entella, entre les stations de Chiavari et de Sestri di Levante, etc.

Nous citerons encore, sur les chemins de fer de l'Italie du Nord, deux ouvrages métalliques de premier ordre, dont les pièces principales ont été exécutées à Paris. L'un est le pont sur le Pô, à Plaisance, servant à la jonction entre les chemins lombards et ceux de l'Italie centrale. Ce pont, long de 600 mètres, avec des travées de 75 mètres d'ouverture, repose sur des caissons en tôle, maçonnés à l'intérieur, et installés à 27 mètres de profondeur au-dessous des plus basses eaux. L'autre est le grand pont tubulaire, en fer, de Mezzanacorti, également sur le Pô, entre les stations de Cava-Manara et de Bressana sur le chemin de fer de Pavie à Novi, l'un des plus importants ouvrages de ce genre qui existent en Europe [1].

Talabot fut également l'un des promoteurs prin-

[1] Ce pont, d'une longueur totale de 826 mètres, subdivisée en dix travées, est à deux étages. Celui de dessous sert au passage de la double voie du chemin de fer; l'étage supérieur, à la grande route. Les fondations, faites au moyen de l'air comprimé, ont été poussées jusqu'à la profondeur de 23 mètres au-dessous des plus basses eaux. L'exécution de ce travail offrit cette particularité exceptionnelle, qu'il fallut, en quelque sorte, supprimer provisoirement le fleuve pour installer le pont; détourner ses eaux par un canal latéral de près de 2 kilomètres, puis recreuser son lit, une fois le pont terminé. Ce pont a été fabriqué par la maison Gouin, de Paris, sur les plans de M. Cottrau, ingénieur d'origine française établi en Italie. On y a employé près de 5 millions de kilogrammes de fer, et il a coûté environ 15 millions.

cipaux des chemins Sud-Autrichiens, exécutés par un ingénieur français d'un grand mérite, qui, dans plus d'une occasion, eut recours à ses conseils, notamment pour le projet du chemin de fer du Semmering, le premier qui ait franchi les Alpes. « La voie ferrée du Semmering, dit M. É. Reclus, n'atteint pas même l'altitude de 1,000 mètres. Mais, à l'époque où elle fut commencée, c'était une véritable merveille de l'industrie humaine; et ses viaducs, ses galeries, ses courbes rapides, tracées au milieu des roches, des vallons, des forêts, en font toujours un des travaux d'art les plus curieux à visiter[1]. Depuis 1854, année pendant laquelle les premières locomotives gravirent les escarpements du Semmering, l'audace de l'homme s'est grandement accrue, et l'on a pu songer à poser des rails entre les plus hauts massifs neigeux des Alpes autrichiennes, dans la dépression du Brenner, ouverte comme une porte entre l'Allemagne et l'Italie. Le chemin du Brenner, plus élevé de 350 mètres que celui du Semmering, et pourtant beaucoup plus simple de construction, a l'avantage de ne pas avoir à fran-

[1] On y compte quinze souterrains, ayant une longueur totale de 3,275 mètres, dont le plus long, celui qui traverse le massif de Semmering, est de 1,428 mètres, et seize viaducs, dont la hauteur varie entre 11 et 45 mètres. Le sommet du Semmering n'est qu'à 114 mètres au-dessus de la voûte du tunnel.

chir successivement plusieurs chaînes divergentes, comme la voie ferrée de Vienne à Trieste (celle du Semmering). Il s'élève uniformément sur le versant septentrional, pour redescendre vers l'Italie, en suivant le cours de l'Eisack et de l'Adige par la « cluse » (*klause, chiusa*) de Brixen. La voie du Brenner est une des grandes artères commerciales de l'Europe. » A cette entreprise, comme jadis à celle du chemin d'Alais à Beaucaire, Talabot avait su assurer le puissant concours du baron J. de Rothschild.

C'est un grand honneur pour Talabot d'avoir donné une énergique impulsion à de tels travaux, apporté le concours de son expérience technique et financière à ces invasions, à ces conquêtes pacifiques de la grande industrie, où l'esprit d'initiative, la *furia francese,* retrouvent un emploi encore digne d'elles. Une popularité méritée par de tels succès vaut bien celle que donne la gloire militaire ! De plus, suivant la très-juste observation de M. Noblemaire, on distingue aisément, dans les nombreuses entreprises auxquelles Talabot a été mêlé, la suite et le développement d'une idée persistante, l'unité d'un dessein constant. Il n'en est pas une qui ne se rattache, par un lien plus ou moins direct, à l'accroissement du trafic et de la prospérité de la grande voie de Paris à la Méditerranée. C'était là le but et le résumé de toutes ses vues, de tous ses efforts.

Il ne cessa pas non plus de porter un intérêt profond, en quelque sorte paternel, au département du Gard, théâtre de ses premiers succès, et en particulier à la ville de Nîmes, où il avait si longtemps résidé. Il aurait voulu doter cette ville d'un approvisionnement d'eau plus abondant, mieux en rapport avec la mise en scène allégorique de la fontaine monumentale qui décore la principale place [1]. Un de ses élèves favoris, M. Chalmeton, lui avait soumis un projet de canal apportant à Nîmes une prise d'eau empruntée à l'Ardèche, et auquel on aurait donné le nom de Talabot. Celui-ci voulait mieux faire [2]. Il avait non pas rêvé (n'étant pas de ceux qui s'attardent à des rêves), mais préparé très-sérieusement un projet de canal de dérivation, empruntant non à l'Ardèche, mais au Rhône lui-même, une prise d'eau dix fois plus considérable. L'allégorie de Pradier, qui a installé la figure du Rhône en plein Nîmes, serait ainsi devenue une vérité. Suivant sa coutume, Talabot s'occupa immédiatement des

[1] On sait que cette fontaine est ornée de cinq statues de Pradier, représentant la ville de Nîmes flanquée des figures symboliques du Rhône, du Gardon, des fontaines de Nîmes et d'Eure.

[2] Un passage d'une très-ancienne lettre de son ami Didion prouve que, dès 1832, Talabot songeait à augmenter l'approvisionnement d'eau de Nîmes.

voies et moyens. La dépense de ce canal était évaluée à 14 millions. Il avait su intéresser à cette entreprise le chef de l'État, et obtenir de lui une promesse de 5 millions. Cinq autres devaient être votés par le conseil général. L'exécution de ce grand et utile travail semblait certaine et prochaine..., au commencement de l'année 1870!!

XXVIII

Talabot conseiller général, député. — *Maury*. — Le *Roucas-Blanc*. — Échecs politiques. — Audibert devient directeur adjoint; sa mort prématurée. — Plus que septuagénaire, Talabot reprend la direction des services dans toute sa plénitude. — Dernières épreuves. — Cécité. — Résignation stoïque de Talabot. — Sa retraite définitive, sa mort et ses obsèques.

Depuis longtemps membre du conseil général du Gard pour l'un des cantons de Nîmes, Paulin Talabot devint député au Corps législatif aussitôt qu'il voulut l'être, dès que sa situation de directeur général de la Compagnie Paris-Lyon-Méditerranée fut établie en 1862. L'année suivante, il fut nommé dans la troisième circonscription du Gard, par 17,294 voix sur 19,960 votants. Il garda une attitude des plus réservées au Corps législatif, ne prenant la parole que dans les bureaux, et rarement, mais avec une grande autorité, quand il s'agissait de finances, de travaux publics ou d'industrie. Menant de front la conduite de tant d'affaires importantes avec l'accomplissement de ses devoirs de député, Talabot n'avait pas de temps à perdre en vaines causeries. Bien qu'il se montrât obligeant et serviable, à la Chambre comme ailleurs, il était en général peu communicatif, et ne s'entretenait familièrement qu'avec un petit nombre de ses collègues, notamment avec son voisin de pupitre, M. Latour du Moulin, pour lequel il éprouvait une sympathie marquée.

La réputation lui était venue, et aussi la fortune. Son délassement favori était l'embellissement de ses deux principales propriétés : *Maury,* dans la Haute-Vienne, son département natal, et le *Roucas-Blanc,* au-dessus de la nouvelle promenade dite de la Corniche, à Marseille. Maury, bien patrimonial dépendant de la commune de Condat, à 8 kilomètres de Limoges, était autrefois un domaine des plus modestes, d'un accès difficile. Mais c'était là que les vieux parents de Paulin Talabot avaient passé les dernières années de leur vie ; c'était là qu'ils étaient morts! Aussi Talabot s'attacha singulièrement à cette propriété. Ce ne fut pas par un vain amour-propre qu'il consacra des sommes considérables à l'agrandissement et à l'embellissement de Maury. Son but était de donner à ses compatriotes du Limousin un exemple de piété filiale, et aussi de leur faire connaître les nouvelles méthodes de culture, susceptibles d'être appliquées avec succès dans le pays. Aussi il ne se contenta pas de créer un vaste parc d'où l'on jouit d'une des plus belles vues de la contrée. Il établit un potager, un verger, une vacherie qui sont des modèles dans leur genre; de superbes prairies sur les bords de la Briance. Puis, à côté de l'habitation moderne, non pas monumentale, mais spacieuse et confortable, il conserva avec un soin pieux la vieille maisonnette qui avait vu mourir ses parents. Dans cette création, comme dans celle de l'Éden marseillais qui a nom le Roucas-Blanc, on retrouve l'une des qualités caractéristiques de Talabot, cette persistance qui bravait les plus grandes difficultés; mieux encore, les recherchait pour le plaisir de les vaincre. C'était un véritable tour de force, que de constituer de nos jours des domaines particuliers aussi considérables; de remonter, pour ainsi dire de haute lutte, le courant d'une époque où les plus célèbres propriétés d'autrefois s'émiettent et disparaissent; où bientôt il n'y aura plus d'autres grands parcs que ceux qui appartiennent à tout le monde.

Comme son nom l'indique, le Roucas-Blanc n'était qu'un rocher aride, calciné par le soleil ardent de la Provence, mais d'où l'on jouit d'un coup d'œil splendide sur Marseille, ses environs, ses ports et la mer. La création du Roucas-Blanc est un des chefs-d'œuvre de l'art moderne des jardins. Il y a dix-huit siècles, Stace célébrait une transformation semblable, accomplie par un de ses amis dans les falaises rocheuses de Sorrente. Plusieurs traits de la description de la villa de Pollius Félix s'appliqueraient aussi bien à la villa Talabot. « Ce terrain abrupt et inculte, où le soleil n'était jamais obscurci que par des tourbillons de poussière ardente, est devenu une promenade délicieuse. Le maître de ce sol l'a dompté ; il a su imposer à la nature des formes plus douces, une destination toute nouvelle ; la roche a subi son joug. Là où vous voyez aujourd'hui une riche végétation, il n'y avait pas même de la terre [1]. » Cette roche dénudée est aujourd'hui un admirable massif d'arbustes et de fleurs, où les eaux de la Durance, amenées par des siphons, viennent entretenir une verdure éternelle. Cette métamorphose si com-

[1] Qua prius obscuro permixti pulvere soles,
Et feritas inamœna viæ, nunc ire voluptas.
. . . . hic victa, colenti
Cessit (natura), et ignotos docilis mansuevit in usus.
. . . . Hæc lustra fuerunt
Quæ nunc tecta subis. Domuit possessor...
. . . . .Nunc cerne jugum discentia saxa.

Depuis que l'adjonction d'Audibert à la direction lui laissait quelques loisirs, Talabot avait eu l'idée de s'occuper de botanique. Suivant sa coutume, il avait poussé cette étude à fond, et rassemblé au Roucas-Blanc toutes les plantes exotiques qui peuvent réussir sous cette latitude.

plète rappelle, dans de moindres proportions, celle des collines disgracieuses et sinistres dont M. Alphand a su faire le parc des Buttes-Chaumont. Il y a là encore un autre mérite que celui de la difficulté vaincue. Talabot a voulu et a su montrer ce que peut, sous le soleil de la Provence, l'action bienfaisante de l'eau jusque dans les endroits les plus arides, et quel parti l'on pouvait tirer de la canalisation de la Durance, œuvre d'un autre ingénieur éminent, Montricher. « Avec de l'eau, il n'est pas de terre stérile daus le Midi », a dit l'un des maîtres de l'horticulture (Decaisne).

De cruelles épreuves, et de plus d'un genre, étaient réservées à la vieillesse de Paulin Talabot. En 1869, il n'avait été réélu député qu'au troisième tour de scrutin; et après les événements de 1870, dans ce département du Gard, dans cette ville de Nîmes qui lui doivent tant, il se trouva une majorité pour l'exclure du Conseil général!! Ce dernier échec lui fut particulièrement sensible. Là, comme à Marseille, on lui savait moins de gré des services rendus, qu'on ne lui en voulait à propos de ceux qu'il n'avait pas eu le pouvoir ou le temps de rendre!

Après la guerre franco-prussienne et la Commune, le conseil d'administration de la Compagnie Paris-Lyon-Méditerranée décida qu'Audibert, dont la conduite, comme directeur des services départementaux pendant l'invasion, avait été au-dessus de tout éloge, serait associé à la direction générale. Cette décision avait eu lieu sur la demande formelle de Talabot, qui, depuis longtemps, « se plaisait à considérer Audibert comme son futur successeur [1] ».

Cette prévision ne devait pas se réaliser. Les épreuves morales et physiques de l'*année terrible* avaient profondément altéré la santé d'Audibert. Son dévouement patriotique et professionnel ne lui avait pas permis de prendre le temps de guérir, ni pendant, ni après cette tourmente, qui laissait après elle tant de ruines à réparer. « Mais le travail avait usé ses forces. Dès les premiers mois de 1872, il avait besoin de toute sa vigueur morale pour lutter contre les ravages du mal dont il était atteint. » En présence de symptômes de plus en plus alarmants, il dut prendre un congé, et alla passer un hiver en Corse. A peine convalescent, il s'empressa de revenir à son poste.

[1] Sur l'excellente attitude d'Audibert pendant la guerre, les objurgations et les menaces qui lui furent adressées pour n'avoir pu faire l'impossible, exécuter à la fois des ordres contradictoires, on consultera utilement sa correspondance active et passive, dans le rapport de la commission d'enquête ou dans notre *Histoire des chemins de fer français pendant la guerre, réseau Paris-Méditerranée*. (V. notamment p. 402 et suiv.) « L'honnêteté et le bon sens avaient su dire la vérité à l'ignorance et à la présomption. » (*Biographie d'Audibert*, p. 13.)

« Mais ses premiers efforts pour se remettre au travail l'épuisèrent, et il mourut le 31 mai 1873, en chrétien. »

Cette perte affecta cruellement Talabot, mais sans l'abattre. Il jugea qu'elle lui imposait de nouveaux devoirs, et trouva la force de les accomplir. Il donna à ses nombreux agents de tout grade « le spectacle d'un vieillard de soixante-quatorze ans, ressaisissant d'une main ferme le gouvernail ». Cette rentrée vaillante dans la carrière était un sacrifice bien méritoire, nous dirions volontiers héroïque, pour un homme de cet âge, ayant déjà commencé à jouir d'un repos bien gagné. Et pourtant Talabot n'était rien moins que robuste. De tout temps sa santé avait donné des inquiétudes à sa famille, à ses amis. Déjà en 1832, Didion craignait qu'il n'eût pas la force de donner suite à leurs grands projets. Mais c'était une de ces natures d'élite dont le travail prolonge, et au besoin ressuscite la jeunesse.

Une dernière épreuve l'attendait : la cécité. Elle survint à la suite d'une chute qui détermina une fracture de la rotule, et le condamna pendant plusieurs semaines à une douloureuse immobilité. La guérison fut à peu près complète, mais cet accident devait avoir une conséquence déplorable. Pour se débarrasser, par l'anesthésie, de la sensation d'engourdissement douloureux causée par l'appareil, Talabot avait fait un usage immodéré du chloroforme. Quand il s'aperçut de l'action funeste de cette substance sur l'organe visuel, le mal était déjà irréparable. Sa vue s'obscurcit graduellement, et finit par disparaître tout à fait, dans l'espace de quelques mois. Il supporta ce dernier coup avec un stoïcisme héroïque. « Se repliant en lui-même, demandant à sa mémoire toujours fidèle et à l'intuition de son esprit de suppléer à ce qu'il ne pouvait plus directement percevoir, il conserva pendant neuf ans encore, avec les soucis des luttes de chaque jour, la direction de cette vaste entreprise. »

Il a vécu, en effet, assez longtemps pour connaître les attaques dirigées, dans ces dernières années, contre l'organisation des chemins de fer, dont il est un des principaux auteurs, et pour donner à ses défenseurs des indications utiles. Le retentissement d'un des incidents capitaux de cette lutte, le *veto* mis par les chambres de commerce aux projets de rachat général et d'exploitation par l'État, était encore venu jusqu'à lui.

La mort d'un ancien et intime ami, Didion, de quatre ans moins âgé que lui (février 1882), fut pour Talabot un sujet de vive affliction, mais aussi un de ces avertissements qui ne sont redoutés que des hommes pusillanimes. La même année, sentant ses forces s'affaiblir, il prit définitivement sa retraite. Conformément à son désir, il eut pour successeur celui de ses collaborateurs qu'il avait lui-même désigné, depuis plusieurs années, au choix du Conseil d'administration. Talabot accepta le titre de directeur général honoraire, qu'on lui offrait avec un respectueux empressement. Ce titre n'était pas une consolation puérile, un hochet de vieillard. Pendant les trois ans et demi qui s'écoulèrent entre sa démission et sa mort, il ne cessa de suivre avec un intérêt paternel les affaires de la Compagnie, et donna encore en plus d'une occasion des avis salutaires.

Il mourut chrétiennement le 21 mars 1885, dans sa quatre-vingt-sixième année. Ses obsèques eurent lieu le 24, en présence d'un très-grand nombre d'agents, venus de toutes les parties du réseau, pour donner à leur chef vénéré un dernier témoignage de respect. Les discours prononcés sur la tombe du fondateur de la Compagnie Paris-Lyon-Méditerranée par son successeur, et par le président du conseil d'administration (M. Ch. Mallet), n'avaient pas le caractère banal qu'on reproche souvent, avec raison, aux œuvres de ce genre. Les éloges étaient mérités, sincères, comme les regrets. Après le service religieux, la dépouille mortelle du défunt fut, conformément à ses dernières volontés, transférée dans son pays natal, à Condat, dont l'église a été reconstruite aux frais de Talabot. C'est là, dans un caveau de famille qui contient aussi les restes de ses parents, que repose enfin ce puissant travailleur.

« C'est un grand exemple pour tous, a dit avec raison son successeur, que cette vie si longue, si bien remplie d'œuvres utiles, si bien couronnée par une fin chrétienne. » Nous croyons aussi, comme lui, que malgré les misères et les aberrations de l'heure présente, il n'y a pas à désespérer de l'avenir du pays « qui produit encore de tels hommes, *et qui sait leur rendre les hommages qu'ils méritent* ».

FIN.

TABLE DES MATIÈRES.

FIN DE LA TABLE DES MATIÈRES.

PARIS. — TYP. E. PLON, NOURRIT ET Cie, RUE GARANCIÈRE, 8.

PARIS
TYPOGRAPHIE DE E. PLON, NOURRIT ET Cie
rue Garancière, 8.

www.ingramcontent.com/pod-product-compliance
Ingram Content Group UK Ltd.
Pitfield, Milton Keynes, MK11 3LW, UK
UKHW020548180726
13838UKWH00001B/118

9 782329 426242